ULLSTEIN

James Bond – ein Zeitidol mit Tiefgang, das sich immer wieder seiner Zeit anpaßt: in den Sechzigern rauchte er wie ein Schlot, in den Neunzigern lebt er gesundheitsbewußt nikotinfrei, seine Erzgegner, die Russen, werden zu Freunden, seine leichtesten Opfer, die Frauen, zu gefährlichen Widersachern. Und doch bleibt er immer: »Bond. James Bond«, gut aussehend, stark, charmant und mit jenem Schuß Selbstironie, der ihn unbeschadet durch alle Veränderungen und Gefahren führt. Wer diese Figur erfunden hat, wie sie zum größten Geheimagenten der Kinogeschichte wurde und was sich hinter ihr verbirgt, behandelt dieses Buch, spannend, informativ und in allen Details. Eine umfangreiche Bibliographie zu James-Bond-Büchern und -Filmen macht es zudem zu einem Nachschlagewerk für alle Bond-Fans.

DER AUTOR:

Dr. phil. Klaus-Peter Walter, geboren 1955 in Michelstadt, lebt in Bitburg in der Eifel. Er studierte Slawistik und arbeitet heute als freier Schriftsteller und Literaturkritiker. Er veröffentlichte u. a. »Buchers Reisebegleiter Rußland« (1992), außerdem betreut er als Herausgeber und Autor das »Lexikon der Kriminalliteratur«.

Klaus-Peter Walter

Das James-Bond-Buch

ULLSTEIN

ein Ullstein Buch
Nr. 23712
im Verlag Ullstein GmbH,
Frankfurt/M – Berlin

Originalausgabe
mit 26 Fotos
Umschlagentwurf:
Hansbernd Lindemann
Fotos: Bildarchiv Engelmeier und dpa
Alle Rechte vorbehalten
© 1995 Verlag Ullstein GmbH,
Frankfurt/M – Berlin
Printed in Germany 1995
Gesamtherstellung:
Ebner Ulm
ISBN 3 548 23712 6

Oktober 1995
Gedruckt auf alterungs-
beständigem Papier mit
chlorfrei gebleichtem Zellstoff

Die Deutsche Bibliothek –
CIP-Einheitsaufnahme

Walter, Klaus-Peter:
Das James-Bond-Buch / Klaus-Peter
Walter. – Orig.-Ausg. – Frankfurt/M ;
Berlin : Ullstein, 1995
  (Ullstein-Buch ; Nr. 23712)
  ISBN 3-548-23712-6
NE: GT

Inhalt

Mythos im Wandel: James Bond zwischen Sherlock Holmes und Terminator

In der Entwicklungsgeschichte des Superhelden des zwanzigsten Jahrhunderts steht James Bond genau in der Mitte zwischen zwei Extremen, die Sherlock Holmes mit seiner intellektuellen Überlegenheit auf der einen und kybernetische Helden à la Robocop und Terminator mit ihrer rein physischen Dominanz auf der anderen Seite markieren.

Charakteristisch ist Bonds im Buch *Diamonds Are Forever* (dt. *Diamantenfieber*) geäußerte Auffassung: »›Wenn ich einen Sohn hätte‹, sagte Bond, ›würde ich ihm, sobald er alt genug wäre, nur einen einzigen Rat geben. Ich würde sagen: Gib dein Geld aus, wie es dir Spaß macht, aber kaufe dir nichts, was dich auffrißt.‹«

Im Unterschied zu Sherlock Holmes, der denkend Sinn und Ordnung stiftet, zerstört Bond, was ihn oder die Menschheit zu zerstören droht. Bond ermittelt kaum mehr etwas. Was er wissen muß, haben andere für ihn erarbeitet. Seine Aufgabe ist es, zu handeln, und sein Handeln ist auf die unmittelbare physische Destruktion von Bedrohungen gerichtet. Die Wahl seiner Mittel spielt dabei keine Rolle. Er stürzt sich rücksichtslos in Automobilduelle und versteht es, jeden beliebigen Gegenstand als Waffe einzusetzen, ganz egal, ob es sich um eine Lötlampe, den Zünder einer Atomwaffe oder um einen Schürhaken handelt, und während am Ende eines Falles von Holmes die Dinge wieder an ihrem gewohnten Platz stehen, hat Bond alles, einschließlich der ihm ausgehändigten Ausrüstung, restlos kaputtgemacht.

Bonds Zerstörungswut – die sich in den Filmen mit Roger Moore deutlicher auslebt als in Flemings Romanen – trägt ambivalente Züge: zum einen beseitigt sie – und damit erringt Bond ja die Zustimmung Ms – das, was die Welt bedroht. Zum anderen aber zerstört sie auch immense Werte wie Autos, Waffen, Schiffe und so weiter, und M muß die Beschwerden der verärgerten Besitzer abwimmeln (oder Geld für Ersatz lockermachen).

Doch Bond ist nicht nur der große Zerstörer, darüber hinaus ist er ein unvergleichlicher Charmeur. Die Frauen liegen ihm zu Füßen, und er genießt es, nicht mit Pascha-Allüren, sondern mit einer Lässigkeit, die an Selbstironie grenzt. Markanter als Bond, der Kämpfer, ist Bond, der Verführer: am Bartresen lehnend, schlürft er seinen unerläßlichen Martini-Cocktail, betört nebenbei eine bezaubernde Frau – und bleibt ganz Mann.

Geheimagent 007 ist so der vielleicht letzte menschliche – und männliche – Superheld des Filmes. Er erreicht seine Ziele durch Einsatz des Äußersten, was bei körperlicher Fitneß und einer guten Portion Cleverneß erreichbar ist.

James Bond hat mittlerweile eine hocheffiziente Konkurrenz bekommen in Gestalt der unverwundbaren, schuß- und säurefesten und bis 2000 Grad auch feuerresistenten Terminatoren, Robocops und Universal Soldiers: Statt gut abgerichteter Geheimagenten kämpfen nun die High-Tech-Killer-Programme gegeneinander, die vernichtungsträchtigen Mikrochips und die großkalibrigen Bordkanonen. Der Thriller der neunziger Jahre macht die Maschinen zu Helden: Bond hat die von Sherlock Holmes empfangene Fackel an Arnold Schwarzenegger weitergegeben. Schwarzeneggers hypertropher Terminator ist nicht mehr die zu blindem Gehorsam abgerichtete menschliche Kampfmaschine wie Bond, sondern tatsächlich eine Maschine, eine hocheffiziente Vernichtungsapparatur, gesteuert von einem Programm, das alle Eigenschaften eines 007, um ein Vielfaches verbessert, in sich vereint. Und seltsamerweise sind Terminator und Robocop Lieblinge der Kinder: sie dürfen nach Herzenslust kaputtmachen, aber sie können dank ihres eingebauten Programms letztlich gar nicht anders als artig sein.

Doch unbesorgt, da Bond nicht älter wird, steht zu hoffen, daß sein Mythos, wie die Serie von literarischen und filmischen Fortsetzungen beweist, gute Chancen hat, parallel zu den Terminatoren ein Weilchen zu überleben.

Die James-Bond-Autoren

Der »Vater« von 007: Ian Fleming

Ian Lancaster Fleming wurde am 28. Mai 1908 in London als zweiter von vier Brüdern geboren. Der Großvater, Robert, war ein Millionär. Als der Vater Valentine Fleming, der seit 1910 konservativer Parlamentsabgeordneter von South Oxfordshire war, im Mai 1917 in Frankreich fiel, widmete der damalige Kriegsminister Winston Churchill (1874–1965) ihm einen Nachruf in der *Times*.

Die Mutter Evelyn Rose Fleming, geborene St. Cross, zog Peter, Ian sowie die jüngeren Söhne Michael und Richard allein groß. Zusammen mit Peter (1907–1971), der sich in den dreißiger und vierziger Jahren unter dem Pseudonym »Moth« mit Büchern wie *One's Company* (dt. *Mit sich allein*) und *The Siege at Peking* (dt. *Die Belagerung zu Peking*) einen Namen als Reiseschriftsteller machte, wurde Ian in Eton erzogen. Nach der Schulzeit vervollständigte er zur Vorbereitung auf den angestrebten diplomatischen Dienst seine Deutsch- und Französischkenntnisse in München, Kitzbühel und Genf; außerdem lernte er in dieser Zeit Russisch. Der Eintritt ins Diplomatische Korps mißlang ebenso wie der Versuch, durch Absolvierung des Königlichen Militärkollegs Sandhurst die Offizierslaufbahn einzuschlagen. Fleming wurde Journalist und berichtete für die Nachrichtenagentur Reuters, unter anderem 1933 aus Moskau, wo britische Ingenieure als angebliche Spione und Saboteure vor Gericht standen. Damals suchte er vergebens um ein Interview mit Stalin nach. Kurz darauf wechselte er für sechs Jahre als Börsenmakler ins Finanzfach. In dieser Zeit betätigte er sich auch als Sammler von Erstdrucken vorwiegend naturwissenschaftlicher Bücher.

Während des Krieges wirkte er, zuletzt im Range eines Commanders, als rechte Hand von Admiral John Godfrey maßgeblich am Aufbau des britischen Marinegeheimdienstes mit und beriet zwei Kollegen, den US-amerikanischen General William »Wild Bill« Donovan und den Kanadier Sir William Stephenson, bei der Gründung des OSS (Office for Strategic Services), eines Vorläufers der CIA. Für Donovan skizzierte er in einem Memorandum die Organisationsgrundlagen für den neuzugründenden Geheimdienst. Zum Dank erhielt er einen 38er Police Positive Colt mit der Inschrift »Für besondere Verdienste« als Geschenk.

Fleming war nie an der Front. Er ersann im Rahmen seiner Tätigkeit beim britischen Geheimdienst phantasievolle, teils irreale Kriegslisten, die den Abenteuern seines späteren Helden durchaus nahekamen oder sogar direkte Grundlage von Bond-Abenteuern werden sollten. Er hielt sich eine Art Sondereinsatztruppe, die er »meine Indianer« nannte, und besaß sogar einige Trickspielzeuge wie einen Tränengas versprühenden Füllfederhalter.

Nach dem Krieg arbeitete er wieder als Journalist. Dank großzügiger Urlaubsregelungen konnte er sich jedes Jahr monatelang zum Schreiben in die Karibik zurückziehen, auf ein märchenhaftes Anwesen, das er nach Carson McCullers Roman *Reflections in a Golden Eye* (dt. *Der Soldat und die Lady*) »Goldeneye« getauft hatte; ein Name, auf den die neueste Bond-Verfilmung Bezug nimmt. 1953, auf dem Höhepunkt des kalten Krieges, erschien mit *Casino Royale* der erste Roman um den Geheimagenten James Bond, dessen Name dem britischen Ornithologen gleichen Namens, Verfasser des Buches *Birds of the West Indies*, entlehnt ist. Von da an entstand jährlich ein neuer Thriller – standesgemäß getippt auf einer vergoldeten, in den USA speziell angefertigten Schreibmaschine.

Eine TV-Verfilmung des Debütromans im Jahre 1954 blieb ohne nennenswerte Resonanz, und ein Filmprojekt, an dem Fleming mit Jack Whittingham und Kevin McClory arbeitete, scheiterte bereits im Vorbereitungsstadium. Erst nach einem verlorenen Urheberrechtsprozeß konnte Fleming aus den Skriptentwürfen für das Filmprojekt *Thunderball* (dt. *Feuerball*) schreiben, den achten 007-Roman. Die Ende der fünfziger Jahre entstandenen Drehbücher zu einer US-Fernsehserie mit dem Titel *James Bond, Secret Agent* wurden nie verfilmt. Fleming schuf daraus zwei Bände mit fünf beziehungsweise drei Kurzgeschichten. Diese wurden, zum Teil geschickt miteinander kombiniert, später zur Grundlage von Filmen gemacht.

Von schwerer Herzkrankheit gezeichnet, wirkte er noch an der Auswahl des Hauptdarstellers Sean Connery mit und erlebte die Anfänge der internationalen Kinokarriere seines Helden. Am 12. 8. 1964 starb Ian Fleming in Canterbury.

Als Autor hat sich Ian Fleming fast ausschließlich mit James Bond befaßt. In seiner Zeit als Journalist schrieb er regelmäßig Kolumnen und – vor allem für die Nachrichtenagentur Reuter – Reportagen. *Thrilling Cities* nannte er einen Band mit Städteporträts, *Diamond Smugglers* ein Sachbuch über den Diamantenschmuggel. Darüber hinaus entstanden einige Vorworte zu Büchern anderer Autoren. Verfilmt – mit »Goldfinger« Gerd Fröbe (1913–1988) – wurde sein bis heute vielgelesener Kinderkrimi *Chittichitti-bang-bang* (dt. *Tschitti-tschitti-bäng-bäng*) um ein Wunderauto gleichen Namens, das fliegen und schwimmen kann. Sein Besitzer, der Erfinder Kapitän Karaktakus Pott, und dessen Kinder machen mit Tschitti-tschitti-bäng-bängs Hilfe eine Gangsterbande unschädlich.

Auf James Bond projizierte Fleming teilweise eigene Eigenarten und Vorlieben, zum Beispiel die Begeisterung für den Skisport, das Autofahren, Tauchen und Kartenspielen sowie einen gemäßigten Hedonismus. Auch die Neigung zum Konsum von Nobelartikeln übertrug er auf seinen Helden: Bond ist an wenigen, aber wertvollen Utensilien wie seiner Rolex-Oyster-Perpetual-Uhr, am Kaffee von De Bry, an Zigaretten von Morland und dem geschüttelten, nicht gerührten Wodka-Martini ebenso zuverlässig zu identifizieren wie Sherlock Holmes an Geige und Kokain-Spritze.

Die Projektion eigener Vorlieben auf die Figur klärt zum Teil die Frage nach den Vorbildern für James Bond. Neben autobiographischen Zügen weist Bond aber auch äußere Ähnlichkeit mit Ivar Bryce auf, einem engen Freund Flemings. Der Millionär Bryce war trotz einer von einem Reitunfall herrührenden Gehbehinderung Agent des OSS, jener Organisation, an deren Gründung Fleming mitwirkte. Die enge Verbindung zwischen Fleming, Bryce und der Figur Bond zeigt sich unter anderem daran, daß Bond sowohl im Roman *Dr. No* als auch im Roman *Leben und sterben lassen* unter dem Falschnamen Bryce reist.

Wie sehr Fleming sich von seinen persönlichen Interessen leiten ließ, zeigt sich am deutlichsten im Handlungsverlauf seiner Romane. Wenn ihn etwas, mochte es auch noch so abwegig sein, interessierte, brachte er es im nächsten Buch unter, selbst wenn dabei der Plot ruiniert wurde. So war Fleming bei der Abfassung von *Im Dienste Ihrer Majestät* mehr von Heraldik und Genealogie fasziniert als von den Gefahren der Bakteriologie, um die es eigentlich gehen sollte. Bis er sein familien- und wappenkundliches Fachwissen untergebracht hatte, war der Roman fast zu Ende. Fleming beschrieb einmal sein Bestreben, »alle Sinne des Lebens zu erregen – sogar seinen Geschmacksnerv. Deshalb lasse ich Bond aus der größten Gefahr in die Arme einer leidenschaftlichen Frau hinüberwechseln und von dort an den Spieltisch und zu den Freuden der höchsten Kochkunst.«

Ian Fleming wurde inzwischen selbst mehrfach Gegenstand literarischer und filmischer Darstellung. So etwa tritt er auf in der fiktiven Biographie James Bonds, die John Pearson als literarisches Scherzo 1973 geschrieben hat, sowie *Bet Your Life* (dt. *Nichts geht mehr*), einem Roman von Stuart Kaminsky aus dem Jahr 1978 um den Seriendetektiv Toby Peters aus Los Angeles. Der Westküsten-Detektiv Toby Peters hält sich während des Zweiten Weltkrieges in Chicago auf, um seinem Mandanten Chico Marx von den Marx Brothers aus der Patsche zu helfen – die Mafia fordert Spielschulden von ihm ein, die er nie gemacht haben will. In die Patsche gerät allerdings zunächst nur Peters: In einem Spielclub versuchen drei Schläger, seinen Ermittlungen ein für allemal ein Ende zu bereiten. In letzter Sekunde rettet ihn der elegante Fleming, der nicht nur perfekt Karate beherrscht, sondern auch wirkungsvoll seinen Tränengas-Füller zum Einsatz bringt. Im weiteren Verlauf des Romans braucht Peters nochmals Flemings Hilfe. Als er im noblen »Ambassador«-Hotel bei ihm vorspricht, wirft Commander Fleming sofort die Geliebte hinaus, um mit Peters einen Mörder zu jagen. Der liefert den beiden auf dem Hoteldach eine wilde Schießerei, entkommt jedoch, obwohl Fleming all jene Fähigkeiten an den Tag legt, mit denen er später 007 ausstatten wird.

Der Roman des Professors für Filmgeschichte strotzt nicht gerade von Logik, und die beiden Auftritte Ian Flemings entbehren der inneren Notwendigkeit. Dennoch stellen sie Höhepunkte des Buches dar, denn Fleming wird treffend und witzig beschrieben, und seine lässige Eleganz bildet einen wirkungsvollen Kontrast zu Peters' ramponierter Physis und der notorisch vernachlässigten Garderobe.

Der 1989 mit Jason Connery, dem Sohn von »Ur-Bond« Sean Connery, in der Titelrolle gedrehte britische Abenteuer-Film *Spymaker – The Secret Life of Ian Fleming* (dt. *Das geheime Leben des Ian Fleming*) versuchte, Leben und Werk Ian Flemings zur Deckung zu bringen, ebenso der

Film *Der Mann, der James Bond war* (1989), eine phantasievolle, mit Thriller-, Action- und Melodramelementen angereicherte Verfilmung von John Pearsons Biographie *Life of Ian Fleming* (1966). Von frappanter Ähnlichkeit mit Ian Fleming: Charles Dance in der Titelrolle, bondistisch erfahren durch eine Kleinrolle in *Im Angesicht des Todes*. Mit einigem Witz werden die Ursprünge so mancher Details aus dem Bond-Kosmos geklärt – und wenn sie nicht wahr sind, sind sie wenigstens gut erfunden. Auf die Doppelnull kommt Fleming demnach beim Anblick der Tür eines Hotelzimmers mit der Nummer 1007. Die 1 freilich steht infolge einer fehlenden Schraube auf dem Kopf, so daß nur noch die letzten drei Ziffern, eben 007, lesbar sind. Auch die Herkunft des Namenskürzels »M« wird gedeutet. »M« sei das Sigel für »mother« oder »mom«.

Kingsley Amis

Von Kingsley Amis stammen insgesamt drei Bücher, die sich mit James Bond befassen. Zwei über ihn und ein mäßiges mit ihm: *Colonel Sun*, das er unter dem Pseudonym Robert Markham veröffentlichte und das auf deutsch zuerst *Auf der griechischen Spur*, dann, in Anlehnung an *Liebesgrüße aus Moskau*, völlig unmotiviert *Liebesgrüße aus Athen* hieß.

Kingsley Amis wurde am 16. 4. 1922 geboren. Er erlebte den Zweiten Weltkrieg als Nachrichtenoffizier und war danach Dozent für englische Literatur zunächst in Swansea, später in Cambridge. Seit 1963 lebt er als freier Schriftsteller in London. Als sein bekanntestes Werk gilt der unterhaltsame Universitätsroman *Lucky Jim* (1954, dt. *Glück für Jim*). Seinetwegen zählte Amis zu den »zornigen jungen Männern« der Literatur, er karikierte mit großer Spottlust die englische Nachkriegs-Gesellschaft, ohne sie freilich völlig abzulehnen. Sein Held Jim Dixon, ein erfolgloser Dozent der mittelalterlichen Geschichte in einer britischen Provinzuniversität, eckt zwar überall an, hat dann aber doch noch unverhofftes Glück im Unglück, ergattert einen guten Posten und erringt die Liebe einer Frau. Das bei aller Kritik hohe Maß an Übereinstimmung mit der Gesellschaft seiner Heimat ließ Amis durchaus geeignet erscheinen für die Beschäftigung mit James Bond, der bei Fleming stets nach der Devise »right or wrong – my country« agiert.

Als Ms *chief of staff* (Stabschef) Bill Tanner – mit vollem Namen und Titel Lieutenant-Colonel William »Bill« Tanner – schrieb Amis in der Ich-Form *The Book of Bond or: Every Man His Own 007*, eine Ergänzung zu dem 1965 erschienenen *The James Bond Dossier* (dt. *Geheimakte 007 James Bond*, 1966; *Geheimakte 007. Die Welt des James Bond*, 1986). Es analysiert als bis heute gründlichste und witzigste Studie zum Thema treffend das immer Gleiche an Ian Flemings Romanen: die fast rituell ablaufenden Abenteuer Bonds, die Typologie der Bösewichter mit ihren roten Haaren und ihrem schlaffen Händedruck und die fast reklamehaft anmutende Vorliebe für bestimmte Markenartikel. Fast alle Bond-Bücher, so hat Amis gezeigt, weisen dasselbe Strickmuster auf; einander fast täuschend ähnliche Figuren werden nach festen Regeln hin und her bewegt – wie beim Schach. Mit Realität hat das nichts zu tun, mit Spiel alles.

Amis hatte die Handlungsmuster seines Vorbildes sehr genau studiert, als er 1968 unter dem Pseudonym Robert Markham seinen eigenen Bond-Roman *Colonel Sun. A James Bond Adventure* vorlegte. Er traf die Vorlage genau genug, daß der Scherz-Verlag zwei Auflagen lang statt Robert Markham Ian Fleming als Autor firmieren lassen konnte – allerdings nur auf den Buchumschlägen, auf den Titelblättern stand der Name des wirklichen Verfassers.

Amis versuchte, bekannte Schemata leicht variierend,

Bond neues Terrain erobern zu lassen und ihm neue Gegner zu schaffen. Statt in Flemings und Bonds geliebter Karibik ist der Roman in der Ägäis angesiedelt, und der Oberschuft im Hintergrund ist ein sadistischer Chinese, der den russischen Einfluß im Mittelmeer durch chinesischen Einfluß ersetzen möchte. Die Russen selbst, einst Bonds Erbfeinde schlechthin, werden hier zeitweise zu Verbündeten, und das Mädchen, das der Held erobert, ist gar Mitarbeiterin des sowjetischen Militärgeheimdienstes GRU, der gegen den Westen gerichteten geheimdienstlichen »Speerspitze« der UdSSR, eine Kommunistin also.

Dennoch fehlt dem Buch das rechte Flair, es kommt zu keinem der für Fleming typischen spektakulären Abenteuer unter Wasser, Bond bleibt an der Oberfläche, nicht nur des Meeres, und es ist wenig überzeugend, daß nach der Entführung des Chefs des britischen Geheimdienstes nur ein einziger Mann und nicht die gesamte Doppelnull-Abteilung nebst Royale Air Force, Marine, MI 5 und der königlichen Familie im Einsatz sein sollen. So blieb es bei einem einzigen Einsatz für den neuen 007-Autor Kingsley Amis. Der gute Ruf war gleichwohl ruiniert, einige unbelehrbare Kritiker schimpften ihn fortan einen Trivialautoren.

John Pearson

1973 legte der Fleming-Biograph John Pearson nach ebenfalls äußerst gründlichem Studium von Flemings Romanen eine Biographie von 007 vor: *James Bond. The Authorized Biography* (London 1973; bislang keine deutsche Übersetzung). Voraussetzung dieses Werkes ist die Fiktion, die Hauptfigur wäre gar nicht erfunden, sondern lebe tatsächlich und könne dem Biographen John Pearson – mit Boß Ms allergnädigster Einwilligung natürlich –

autobiographische Interviews gewähren. Bond firmiert als Freund und Bekannter Flemings schon aus den Tagen in Eton.

Jeder Conan-Doyle-Leser kennt die Fälle, die der gute Dr. Watson zwar beiläufig erwähnt, aber nie ausgestaltet hat, wie etwa die in *Das Rendez-vous an der Brücke* angedeutete »Geschichte von Mr. James Phillimore, der auf dieser Welt nicht mehr gesehen ward, nachdem er in sein eigenes Haus zurückging, um seinen Regenschirm zu holen«. Solche vagen Andeutungen gibt es, wen würde es wundern, auch bei Fleming. Dazu gehören etwa der Sprung aus dem Arlberg-Expreß während des Ungarnaufstandes, als Bond ein gewisser Heinkel mit seinen Häschern verfolgt; die Erlangung der Doppelnull durch die Tötung eines norwegischen Doppelagenten und eines japanischen Code-Spezialisten sowie die Geschichte mit der rumänischen Gruppe von Falschspielern, die Bond kurz vor Ausbruch des Zweiten Weltkriegs mit Hilfe des Deuxième Bureau in Monte Carlo hochgehen läßt. Von der Kindheit Bonds wissen wir von Fleming kaum mehr, als daß er sie am Meer verbracht hat und daß er seine Künste als Skiläufer einem gewissen Hannes Oberhauser aus Kitzbühel verdankt, der von Major Smythe, einem Angehörigen der britischen Armee in Deutschland, wegen einer Kiste Nazigoldes ermordet wird. In der Erzählung *Octopussy* (dt. *Der stumme Zeuge*, später *Octopussy*) rächt er Oberhausers Tod. Ebenfalls nie erwähnt hat Fleming, was Bond im Krieg getan hat. John Pearson schließt in seiner fiktiven Biographie diese Lücken, er gestaltet die liebevoll erfundenen Episoden seines Buches zu richtigen kleinen Kurzthrillern aus. So muß Bond erpresserische Paparazzi jagen, die in einem Nudistenpark Nacktfotos von M geschossen haben. Pearson denkt hier konsequent weiter, was sich andeutet, wenn M im Roman *Feuerball* Bond zu einer Kur im Geheimdienst-Sanatorium »Shrublands« verdonnert: der

Geheimdienstboß ist ein Anhänger alternativer Lebens- und Ernährungsweisen. Was wir noch gerne erfahren hätten, aber selbst bei Pearson nicht erfahren, ist ein detaillierter Bericht über den KGB-Killer Ullmann, von dessen Liquidation James Bond gerade zurückkehrt, als er – im Roman *The Spy Who Loved Me* (dt. *Der Spion, der mich liebte*) – auf die von zwei kleinformatigen Ganoven bedrohte Vivienne Michel trifft.

Am Schluß der Biographie steht Bond kurz vor der Hochzeit mit der schwerreichen Witwe Honeychile Schultz, geborene Ryder, der Heldin aus *Dr. No* (dt. *James Bond jagt Dr. No*). Gerade noch rechtzeitig taucht jedoch Irma Bunt wieder auf, die Lebensgefährtin von Erzfeind Blofeld. Sie hat eine Art künstliches Tierungeheuer geschaffen, das in Kürze die Welt bedrohen wird. Grund genug für 007, sich sofort auf die Suche zu machen. »The bastard's gone«, flucht Honey, der auch die Jahre an der Seite eines Millionärs nichts an Spontanität und Ungezwungenheit geraubt haben. Mit dem Scheitern der angebahnten Ehe bereits im Vorfeld hält Pearson die von Fleming geschaffenen Spielregeln ein: Bond liebt die Frauen, aber er heiratet nie.

Christopher Wood

Mit der Aussicht auf ein Science-Fiction-Abenteuer endet Pearsons Biographie. Er nimmt damit eine Entwicklung der Bond-Filme hin zum Phantastischen vorweg, die 1977 und 1979 mit den Filmen *Der Spion, der mich liebte* und *Moonraker* (dt. *Moonraker – streng geheim*) mit Roger Moore ihren vorläufigen Höhepunkt fand. Für diese beiden Filme schrieb nicht wie sonst Richard Maibaum (1909–1991) die Drehbücher, sondern Christopher Hovelle Wood (*1935). Wood entfernte sich viel weiter als

Maibaum von den literarischen Vorlagen und schuf phantastische Filme, viel näher bei Walt Disney denn bei Ian Fleming angesiedelt und bevölkert nicht mit wirklichen Menschen, sondern eher mit Comic-Figuren.

Seine Filme folgen – und dazu trägt vor allem die Figur des unzerstörbaren bösen Riesen Jaws, des Beißers, bei – der Dramaturgie von *Tom und Jerry*-Zeichentrickfilmen und führen den Geheimagenten hinaus ins Weltall: Bond wird zu einem zwar nicht intergalaktischen, so doch immerhin orbitalen Helden. Vor allem *Der Spion, der mich liebte* kann mit Fug und Recht jedwede Verbindung zum Werk Ian Flemings leugnen. Wood hat wirklich nur den Titel übernommen, alles andere, einschließlich der Figuren von Anja Amasowa, des Beißers und des Großreeders Stromberg, ist Christopher Woods Erfindung. Aus seinen Drehbüchern machte Wood dann wieder Romane. Der erste, *The Spy Who Loved Me* (dt. *James Bond und sein größter Fall*) betitelt, versucht, die phantastischen und parodistischen Elemente zurückzunehmen und sich dem Bond Ian Flemings wieder anzunähern. Vorbild für Woods Bond im Buch ist nicht der coole Sprüche klopfende Roger Moore mit der spöttisch hochgezogenen Augenbraue, sondern der ursprüngliche »harte« Bond Sean Connerys und Flemings, der Agent mit der Narbe auf der rechten Wange und den unbarmherzigen Killerinstinkten eines Mannes, der die Doppelnull, die »Lizenz zum Töten im Dienst«, tragen darf. Das ist der Bond, der dem chinesischen Killer Tschang, den er gerade durch ein Fenster geprügelt hat und der mehrere Stockwerke tiefer durch die Saiten eines Konzertflügels fällt, in Anlehnung an Humphrey Bogart zynisch nachruft: »Play it again, Sam!« (die Buchversion ist allerdings weniger brutal als die entsprechende Filmszene).

Der Beißer und der Großreeder Stromberg besitzen eine Biographie, die sie im Film nicht haben: Stromberg ist schwedischer, der Beißer polnischer Abkunft, und sein Edelstahlgebiß stammt, man ist versucht zu sagen, natürlich, von einem deutschen KZ-Arzt. Klamauk, Selbstironie, Literatur- und Filmzitate und Aktion, die nur auf der Leinwand durch spektakuläre Stunts und Spezialeffekte ihre Wirkung entfalten, hat Wood unter Straffung der Handlung konsequent ausgemerzt. Sein erster Roman weist daher viele gute Eigenschaften der Flemingschen Bücher auf.

Für die Abfassung von *Moonraker* nahm sich Wood offensichtlich nicht viel Zeit. Allzuoft wird in Momenten der Gefahr Bonds Herz beschworen, das »hämmert«, »bis zum Hals klopft« oder »stehen zu bleiben droht«, und allzuoft fällt ihm seine Walter PPK herunter. Darüber hinaus sind viele der dröhnend markigen Vergleiche, die Wucht und Gefahr vermitteln sollen, sprachlich längst nicht so erlesen wie die Spezialeffekte in den entsprechenden Szenen des Films: »Tschangs Augen funkelten vor unversöhnlichem Haß wie die Schlitze eines Geschützturms.«

Wood, der später unter anderem für den *Goldfinger*-Regisseur Guy Hamilton das Drehbuch zu *Remo: The Adventure Begins* (1986, dt. *Remo: Unbewaffnet und gefährlich*) schrieb, kehrte nach diesen beiden Ausflügen in die Welt des James Bond nicht mehr dorthin zurück.

John Gardner

Möglicherweise als kleine Hommage an den Kollegen läßt John Gardner in seinem Roman *Brokenclaw* (1990, dt. *Fahr zur Hölle, Mr. Bond*) einen FBI-Beamten namens Wood auftreten (allerdings auch gleich wieder mit Baseball-Schlägern ermorden).

John Edmund Gardner (*1926) debütierte 1964 mit *The Liquidator* (dt. *Der Lautlose*), einem Thriller um einen vom Geheimdienst als Killer angeworbenen Agenten. Das Buch wurde schnell verfilmt mit Rod Taylor (*1929) und Jill St. John (*1940) (*The Liquidator*, 1965, dt. *L – Der Lautlose*).

1981, etwa fünfzehn Jahre nach Kingsley Amis, legte Gardner seinen ersten James-Bond-Roman vor, im Einverständnis mit dem Gildrose Verlag, der die Rechte an der Figur innehat: *Licence Renewed* (dt. *Countdown für die Ewigkeit*, 1984). Gardner erweckt den Anschein, als wäre seit 1965, als Bond nach Flemings Tod in dem posthum veröffentlichen Abenteuer *The Man With the Golden Gun* (dt. *Der Mann mit dem goldenen Colt*) gegen den besten Killer der Welt Scaramanga in Aktion trat, nur kurze Zeit vergangen – nicht mehr Zeit jedenfalls, als eine Durschnitts-Doppelnull zur Erledigung von vier leichteren Aufträgen braucht (das wären, Krankenhausaufenthalte und Liebesurlaube eingerechnet, höchstens zwei Jahre). Seit *Countdown für die Ewigkeit* legt Gardner Jahr um Jahr ein neues eigenes Buch oder ein Buch zum Film vor. Mit dem Titel *For Special Services* (dt. *Moment mal, Mr. Bond*), den er seinem zweiten Bond-Roman in Anspielung auf die Gravur in dem Ian Fleming »für besondere Verdienste« überreichten Colt gegeben hat, versucht er seinen Anspruch als literarischer Erbe Flemings zu legitimieren – was die deutsche Übersetzung des Titels beim Marion-von-Schrödel-Verlag geflissentlich unter den Tisch fallen läßt.

Gardner zeichnet auch für zwei etwas ausgefallenere Bücher verantwortlich, nämlich *The Return of Moriaty* und *The Revenge of Moriaty* (1974 und 1975; bisher keine deutsche Übersetzung). Es handelt sich um fiktive Aufzeichnungen von Sherlock Holmes' Erzfeind Professor Moriaty, der ebensowenig wie der Detektiv in den Reichenbach-Fällen in der Schweiz den Tod gefunden hat, sondern nach London zurückgekehrt ist, um dort eine hochgeheime, hocheffektive Verbrecherorganisation aufzubauen, die ihn zum Vorläufer moderner »Paten« macht. Moriatys »family« genannte Bande ist so mächtig, daß sie den Prostituierten-Killer Jack the Ripper, der die Aufmerksamkeit der Polizei allzusehr auf die Geschäfte des Professors lenkt, ganz schnell aufspürt und beseitigt.

Sherlock Holmes spielt in den beiden Romanen nur eine Nebenrolle. Der Grund ist klar: im Kampf gegen einen technokratischen Verbrecher und Übervater modernen Typs ist der einsame, bindungslose *armchair-detective* hoffnungslos unterlegen; dieser Kampf verlangt einen Supermann wie James Bond.

Typisch für Gardner ist die Neigung, alte und neue Nazis zu Gegnern seiner Helden zu machen – eine Neigung, die er mit anderen britischen Autoren teilt, denn der Nationalsozialismus bot dem Empire letztmalig die Gelegenheit, seine alte Größe und Macht zu zeigen. In Gardners Erzählung *The Stay-Behinds* entdecken zwei englische Touristen mit geheimdienstlichem Hintergrund kurz nach dem Krieg, daß eine Horde der Gerechtigkeit entkommener Nazis sämtliche Bewohner eines abgelegenen französischen Dorfes ermordet und ihre Identität angenommen hat. Gegen den Alt-Nazi von Glöda tritt Bond in Gardners dritter 007-Adaption an, *Icebreaker* (1983, dt. *Operation Eisbrecher*). Gardner liebt Verschwörungstheorien. Die Gangster, die in Großbritannien operieren, werden von den USA aus dirigiert. Ansonsten zeichnet Gardner sich durch strammen Antikommunismus aus, beispielsweise in dem Thriller *Golgatha* (1980). Hier besetzt die von Renegaten gerufene Rote Armee die Britischen Inseln. Der Held, der sie zum Rückzug zwingt, unterscheidet sich von James Bond vor allem dadurch, daß er Paul Fadden heißt.

Die Gegner für Bond sucht Gardner nach wie vor unter den großen Einsamen aus, unter den verbrecherischen Einzelgängern vom Typ eines ins Negative gewendeten Kapitän Nemo. Sie sind – Geld verdirbt bekanntlich den Charakter – meist Multimilliardäre, nicht selten religiöse Fanatiker, und rekrutieren ihre Helfer nicht ungern aus der Dritten Welt. Insofern hat sich wenig geändert seit Flemings seligen Zeiten.

Bei Gardner ist Bond jedoch mehr denn je in militärische Strukturen und Befehlshierarchien eingebunden. Er übt mit der SAS, ein Auftrag führt ihn sogar in den aktiven Marinedienst zurück, aus dem er in den Secret Service hinübergewechselt war. Auch hiermit hält Gardner die Regeln ein: Beim Militär darf der Mann allerhand tun, solange er sich an seinen Befehl hält – typisch für 007.

Zwar diente noch keiner von Gardners Romanen als Vorlage für ein Filmdrehbuch, doch flossen von ihm erfundene Figuren, Szenen und Motive in einige Filme ein. In dem 1985 gedrehten *Im Angesicht des Todes* tritt Roger Moore unter dem Pseudonym St. John-Smythe auf, in Gardners 1984 erschienenem Roman *Role of Honour* (dt. *Die Ehre des Mr. Bond*) eine Figur namens St. John-Finnes. Das dürfte ebenso ein Zufall sein wie der Ort des Finales von *Im Angesicht des Todes*. Es findet in einem Zeppelin statt, genau wie in dem Roman von Gardner. Der *final showdown* in dem Buch *Countdown für die Ewigkeit* spielt in einem »Starlifter«, einem schweren Transportflugzeug für militärische Zwecke. Dabei stürzt der schottische Unterschurke Caber mit durchschnittener Kehle aus der offenen Ladeluke. Im Film *The Living Daylights* (dt. *Der Hauch des Todes*) fällt der brutale Killer Necros, Bonds Springerstiefel mit den durchschnittenen Schnürsenkeln in der Hand haltend (»He's got the boot!«) – na, woraus wohl? – richtig, aus der offenen Ladeklappe eines militärischen Transportflugzeuges. Zufall?

Allerdings verfolgt umgekehrt auch Gardner mit Interesse, was im Kino läuft. Als 1990 sein Bond-Roman *Fahr zur Hölle, Mr. Bond* erschien, in dem sich der Agent einem Marterduell à la *A Man Called Horse* (1969, dt. *Der Mann, den sie Pferd nannten*) unterzieht, drehte Kevin Kostner gerade seinen Western *Dances with Wolves* (dt. *Der mit dem Wolf tanzt*). Auch Zufall? Wann wird Bond wohl in einem Dinopark für Ordnung sorgen müssen? (Keine Sorge, das hat er schon, und zwar in dem Comic *Serpent's Tooth*).

Gardner unterscheidet sich von Fleming vor allem durch das Fehlen von Humor, Geschmack und Phantasie, und die weitgesteckten Interessen seines Vorbildes läßt er ebenfalls vermissen. So besteht er darauf, daß alle von ihm beschriebenen Gerätschaften – Waffen, Mikroelektronik, Fabrikationstechniken – irgendwo auf der Welt schon existieren. Dieser Authentizismus ist freilich eher nervend besserwisserisch. So wird von dem Bond-begeisterten CIA-Chef Dulles berichtet, er habe das von Fleming beschriebene Equipment nachbauen lassen, aber es habe nicht funktioniert. Dem Bond-Mythos hat das zum Glück in keiner Weise Abbruch getan.

Auch für das Spielerische, Unnütze, das in Flemings Romanen eine dichte Atmosphäre schafft, hat Gardner wenig Sinn; pragmatisch, gründlich und zielstrebig recherchiert er lediglich das, was er für den jeweils anstehenden Roman braucht. Abschweifungen ins Kulturelle oder Städteansichten – die ja den Romanen Flemings ihr weltläufiges Flair verleihen – gestattet er sich kaum beziehungsweise schreibt sie aus dem Baedecker oder dem Michelin-Führer ab. Seine Bösewichte sprechen nur Englisch (vielleicht weil er selber, anders als Fleming, nur diese eine Sprache beherrscht?). Dabei würden, und das wußte selbst Karl May schon, bereits ein paar wenige Brocken Ausländisch eine Aura von Authentizität schaffen. »Sdjeß de Bleuville ... Da ... da ... Charascho!« sagt Flemings Blofeld einmal am Telefon. Zugegeben, dieses rudimentäre Russisch wirkt trotz richtiger Betonung des eigentlich »choroscho« geschriebenen Wortes für »gut« ein bißchen dürftig für einen Mann, dessen Muttersprache Polnisch wie das Russische eine slawische Sprache ist, doch das Telefonat kommt uns wesentlich lebendiger vor als ein in Englisch geführtes. Willkommener Nebeneffekt: Fleming kann so unauffällig zeigen, daß es der Halunke mit den bösen Russen hält.

Was bei Gardner ebenfalls zu kurz kommt, sind die ausführlichen Figurenbiographien, mit denen Fleming vor allem seine Schurken lebendig werden läßt. Bei Gardner werden sie meist über Ms wortkarge Dossiers vorgestellt, und so bleiben sie blaß und austauschbar.

Im Vergleich mit Fleming ist Gardner nicht mehr als ein lieloser Testamentsvollstrecker, ein literarischer Vollzugsbeamter, der ein ums andere Mal eine vorgegebene Handlungsformel ausfüllt. Seit er die Figur betreut, ist Bond regelrecht aufs trockene gesetzt: keine Abenteuer unter Wasser mehr, keine aufregenden Tauchgänge, keine Haftminen an Schiffsrümpfen, keine Haie und keine Riesenkraken. Möglicherweise kann Gardner ja nicht schwimmen, aber dann sollte er Bond doch wenigstens ab und an eine rasante Schußfahrt auf Skiern gönnen wie in *Im Dienste Ihrer Majestät* oder mal wieder ein hochgefährliches Duell am Spieltisch um den Preis der Weltherrschaft oder wenigstens des völligen finanziellen Ruins. Doch nicht einmal mehr die früheren, geradezu wollüstig zelebrierten Mahlzeiten sind dem Helden vergönnt. Gerade, daß sich Bond nicht bei MacDonald's am Leicester Square einen Hamburger reinziehen muß.

Worum geht es aber nun in Gardners zehn bisher auf deutsch erschienenen Bond-Abenteuern?

Der Titel des ersten, *Lizenz erneuert*, ist Programm, was von der deutschen Umtitelung *Countdown für die Ewigkeit* unterschlagen wird. Verständnislose Appeasement-Politiker ohne Herz für die Doppelnullabteilung haben diese abgeschafft, ohne freilich M von seinen Pflichten zu entbinden. Der hat alles kurzerhand in »Sonderabteilung« umgetauft, und die wird von James Bond verkörpert, den er nach wie vor, wenn auch ohne Rechtsgrundlage, 007 nennt. In Ms Vorzimmer residiert beziehungsweise regiert noch immer Miss Moneypenny, und für trickreiche Ausstattungen sorgt, wenn auch mit reduziertem Budget, unverändert Q Boothroyd. Seit Jahren wurde offenbar niemand pensioniert, aber auch niemand mehr befördert: weder Q, der immer noch im Range eines Majors steht, noch der Held selber, der bei seinen Verdiensten (und seinem Dienstalter) doch eigentlich längst mehr als das Gehalt eines Commanders beziehen müßte.

Nachdem durch diesen Trick die Lizenz erneuert ist, muß 007 den Terroristen Franco jagen, einen verkleidungswütigen Mann mit tausend Gesichtern, der sich mit Dr. Anton Murik zusammengetan hat, dem derzeitigen Laird of Murcaldy. Der Laird, ein exzentrischer Atomwissenschaftler, Multimillionär und Rennstallbesitzer, führt seinen Adelstitel möglicherweise zu Unrecht. Bond vernascht Muriks Mündel Levander »Dilly« Peacock und verhindert nach der Tötung Francos, daß fünf von diesem rekrutierte und ausgebildete Todeskommandos fünf KKWs in den USA und Europa zwecks nuklearer Erpressung in ihre Gewalt bringen. Murik hat Ian Fleming nicht gelesen, sonst hätte er gewußt, daß ein ähnliches Unterfangen schon Blofeld in *Feuerball* mißlingt, dessen sachte aktualisierter *plot* für *Licence Renewed* ganz offensichtlich Pate stand.

Die anderen Geschichten ähneln dieser fast wie ein Ei dem anderen. Darum spielt eigentlich auch keine Rolle, um was es im einzelnen geht, und man vergißt nur allzu rasch, daß James Bond in der zweiten Folge *For Special Services* (1982, *Moment mal, Mr. Bond*) wieder die gerade neugegründete Gangsterorganisation SPECTRE zerschlägt, der einst Erzschurke Blofeld vorstand, und daß er in der dritten im Rahmen einer »Operation Eisbrecher« (*Icebreaker*, 1983) gar ein von KGB und ein paar Uraltna-

zis geschmiedetes Komplott gegen seine werte Person kon-
terkariert, das an Abstrusität und Abwegigkeit sogar noch
von *From Russia, with Love* (dt. *Liebesgrüße aus Moskau*)
übertrifft. Ganz zu schweigen davon, daß er sich in der vier-
ten Folge *Roll of Honour* um *Die Ehre des Mr. Bond* kämp-
fend, zum Hacker, zum Computerfreak, schulen lassen
muß. *Nobody Lives Forever (Niemand lebt für immer)* –
das muß Mr. Bond erfahren, als, fünftens, May und Miss
Moneypenny entführt und eine Prämie auf sein Haupt ausgesetzt wird, die sich unter anderem ein Ex-Nazi verdienen
möchte, der bei der österreichischen Kriminalmiliz arbeitet; *Nichts geht mehr*, als, sechstens, in *No Deals, Mr. Bond*,
früher in der DDR eingesetzte Agenten reihenweise abge-
schlachtet werden und Bond mit dem sowjetischen Militär-
geheimdienst GRU gegen das »zivile« KGB paktieren
muß; *Scorpius* ist, siebtens, ein Sektenführer, der sich so
benimmt, wie er heißt, und dem 007 ein adäquates Ende
mit Schrecken bereitet; als man, achtens, Mr. Bond in
Win, Lose or Die die Frage *Sieg oder stirb* stellt, siegt er
natürlich lieber und rettet dabei gleich noch Maggie Thatcher, George Bush und Michail Gorbatschow das Leben;
seine *Licence to Kill*, seine *Lizenz zum Töten*, kommt
ihm, neuntens, im Roman zum gleichnamigen Film kurz-
zeitig abhanden, aber er kriegt sie natürlich rechtzeitig zurück, um, zehntens, der Aufforderung *Fahr zur Hölle*,
ausgesprochen von einem reizenden Indianerchinesen,
nicht nachkommen zu müssen. Dieses Buch ist der bishe-
rige Tiefpunkt der Reihe, aber ein Höhepunkt des
Schwachsinns. Obwohl Bond seine Waffe in das Versteck
des Schurken schmuggeln kann und ihn schon im ersten
Drittel des Romans erschießen könnte, unterzieht er sich
erst noch freiwillig einer indianischen Mutprobe, bei der
die Delinquenten an durch das Brustfleisch getriebenen
Pföcken (autsch!) aufgehängt werden. Bond durchsteht
diese Prozedur nur geringfügig besser als der etwas aus der

Übung gekommene Gegner, und was dann noch fehlt, sind eigentlich nur Winnetou und sein weißer Bruder an der Spitze des zum »Old Shatterhand«-Thema von Filmkomponist Martin Böttcher über den Hügel herabpreschenden Sechsten US-Kavellerie-Regiments.

Ein wenig über Gardners sonstigem Niveau liegt der Roman *Lizenz zum Töten*, aber hier konnte er sich ja auch auf die guten Ideen von Michael G. Wilson und Richard Maibaum im Film stützen. Doch statt die Wahrscheinlichkeitsklippen, über die der Leser, anders als der Zuschauer des Filmstunts, stolpern könnte, zum Beispiel mit Ironie oder ein paar geschickten literarischen Tricks, zu umschiffen, entscheidet sich Gardner fürs Herunterspielen. Bond fährt einen Sattelschlepper auf nur zwei Rädern, um eine Rakete unter sich hindurchzulassen und so einen Volltreffer zu vermeiden. Nicht vermeiden kann Gardner allerdings seine dröhnende, Gefahr suggerierende Ausdrucksweise:

»Eine Rakete war abgeschossen worden . . .! Erst als er die Stichflamme sah, kam ihm das Grauenhafte dieser Tatsache zum Bewußtsein. Bond riß das Steuerrad herum und spürte, wie der Tanklaster gegen eine ziemlich hohe Bodenerhebung dicht am Abgrund prallte. Erst fuhr er geradeaus, doch schon im nächsten Moment begann das ganze Fahrzeug umzukippen. Zwei Räder des Führerhauses befanden sich noch auf der Straße, die anderen ragten in die Luft und zogen den Auflieger hinterher, so daß sich das Ungetüm nach einer Seite neigte.

Später schwor Bond, er habe das Ding tatsächlich unter dem Führerhaus und dem Tankauflieger hindurchzischen gehört. Insgeheim wußte er allerdings, daß das wohl übertrieben war und daß er es sich nur eingebildet hatte. Aber was spielte das für eine Rolle?«

Eine originellere Lösung wäre gewesen: »Er handelte genau nach Vorschrift: mit den rechten Rädern das Hindernis anpeilen, herunterschalten, Gas geben, das Steuer für einen Moment nach links, dann sofort wieder nach rechts einschlagen und hoffen, daß alles klappt. Es klappte! Staunend fühlte er, wie sich die Zugmaschine in voller Fahrt, in allen Schweißnähten ächzend und krachend, in eine wackelige Schräglage erhob. ›Keine Sekunde zu früh‹, dachte Bond, denn schon sah er die Rakete zwischen den Vorderreifen hindurchhuschen, einen langen Feuerschweif hinter sich herziehend. Erleichtert ließ er die Maschine mit einem leichten Rechtsruck am Steuerrad wieder in die richtige Lage zurückfallen und verschwendete einen kurzen Augenblick der Dankbarkeit an die Jungs von Kenworth, die sich so viel Mühe mit der Verwindungsfestigkeit ihrer Trucks gaben.«

Ob das in Wirklichkeit so funktioniert oder der Sattelzug bei dieser Fahr- und Schaltweise einen Doppelsalto mit dreifacher Schraube und vierfachem Achsbruch machen würde, das wird wohl niemand ernstlich ausprobieren wollen und auch niemanden interessieren. Bond ist schließlich der Superheld, der kann, was andere nicht können. Gerade durch die gewollte Realitätsnähe jedoch, um die Gardner sich bemüht, reduziert er James Bond auf sein eigenes Kleinkaro-Format, und darum paßt viel besser auf diesen Autoren, was 1967, in damals modischer Bond-feindlicher Absicht, Dieter Rudloff über Ian Flemings Werke schrieb: »Schon nach zwei Bänden ödet einen der schlechte und primitive Stil, die langweilige Handlung an, die keinem inneren dramatischen Höhepunkt, keinem glaubwürdigen menschlichen Konflikt zustrebt, sondern stets ein allzu schnell durchschaubares Handlungsschema stereotyp wiederholt.«

Der Leser von Gardners Bond-Romanen erwartet sicherlich nicht in erster Linie literarische Qualität. Wäre das so, würde er John Buchan oder John Le Carré lesen. Wichtiger ist, daß alles beim alten geblieben ist, daß man das vertraute Ritual wiedererkennen und in eine liebgewordene Welt eintauchen kann wie Dr. Watson nach Sherlock Holmes' Rückkehr in die gute alte Baker Street 221 B: »Unsere alten Zimmer waren dank der Fürsorge von Mycroft Holmes und Mrs. Hudson unverändert geblieben. Als ich eintrat, sah ich eine fürwahr ungewohnte Ordnung, aber die alten Fixpunkte waren an ihrem Platz . . . Die Aufzeichnungen, der Geigenkasten und der Pfeifenständer, sogar der persische Pantoffel mit dem Tabak – all dies grüßte mich beim Umschauen herzlich.«

In dieser Hinsicht wird man bei John Gardner mit einigen Einschränkungen gut bedient, denn eines macht dieser Autor bestimmt nicht: Experimente.

Dabei wäre die eine oder andere vorsichtige Variation des Strickmusters vielleicht ganz interessant. Wie würde Bond sich zum Beispiel verhalten, wenn sein Widersacher einmal ausnahmsweise nicht von einer Korona schöner Frauen, sondern zarter Jungs wie Mr. Wint und Mr. Kidd aus *Diamantenfieber* umgeben wäre, die ihm nicht ans Leben, wohl aber an die Wäsche wollen? Würde er – was unwahrscheinlich ist – wie Al Pacino in *Cruising* (1979) – den Auftrag unter Zähneknirschen erledigen oder unter Aufgabe seiner Tarnung aus der Rolle fallen?

Autos, Frauen und Martini:
James Bond privat

»Gestatten, mein Name ist Bond. James Bond.«

Es spielt für die literarische Figur des 007 keine Rolle, ob irgendwelche Vorbilder bei seiner Erschaffung Pate gestanden haben, ob es Ian Fleming selbst war, sein Freund Ivar Bryce oder, wie gelegentlich zu lesen war, ein in Jugoslawien gebürtiger Spion namens Duško Popov, der im August 1981 an der Côte d'Azur starb.

Fleming hat sich über das Leben seines Helden widersprüchlich geäußert, schließlich mußte er ihn immer etwa fünfunddreißig Jahre alt sein lassen. Der völlige Verzicht auf biographische Eckdaten hätte die Figur zu papiern wirken lassen, zu viele hätten ihr den Nimbus der Überzeitlichkeit genommen.

Die Abenteuer, die Ian Fleming Bond durchstehen läßt, sind chronologisch angeordnet. Seinen ersten literarischen Einsatz im Casino von Royale-les-Eaux gegen Le Chiffre erlebt er 1951. Diese Jahreszahl jedenfalls nennt ihm Jahre später Monsieur Du Pont, der bei dieser Gelegenheit mit ihm am Spieltisch gesessen hat und ihn beim Wiedersehen in Miami bittet, doch einmal dem anscheinend falsch spielenden Auric Goldfinger auf den Zahn zu fühlen. Nach diesem Abenteuer läßt er in den USA den schwarzen Verbrecher Mr. Big leben und sterben, anschließend, wieder in der Heimat, tritt er gegen Sir Hugo Drax an, der mit der Interkontinentalrakete »Mondblitz« London ausradieren will. Da ist er siebenunddreißig. »Er war fest überzeugt, daß er das fünfundvierzigste Lebensjahr nicht erreichen würde. Er hatte noch acht Jahre bei der 00-Abteilung vor sich. Das bedeutete: noch acht, vielleicht sechzehn, vielleicht vierundzwanzig knallharte Einsätze. Er sagte sich ganz nüchtern, daß die Chance, diese acht Jahre zu überleben, nicht allzu groß war« *(Mondblitz)*.

Danach muß er in den USA ein akutes »Diamantenfieber« auskurieren; er ist, wie er in diesem Abenteuer bekundet, »noch nicht vierzig«. Schließlich geht er in Istanbul *Liebesgrüße(n) aus Moskau* auf den Leim, und bis er in seinem sechsten Fall *Dr. No* jagt, ist das Jahr 1956 oder 1957 ins Land gezogen. Dem bösen Auric klopft er bis spätestens 1959 auf die goldigen Finger; dabei erinnert er sich, daß er zwanzig Jahre zuvor in Royal St. Marks Club in Sandwich auch schon Golf gespielt hat. Nach dem Abenteuer mit *Goldfinger* muß er einen *Feuerball* über der westlichen Welt verhindern; hierbei trifft er erstmals auf Ernst Stavro Blofeld, seinen Gegner in insgesamt drei Romanen (und fünf Filmen). Zwischendurch erledigt er – aber das erfahren wir nur am Rande – einen SMERSCH-Killer namens Ullmann in den USA und wird für die geschwätzige Ich-Erzählerin Vivienne Michel aus völlig unerfindlichen Gründen zum Spion, der sie liebt.

Zwölf Monate nach Verhinderung des Feuerballs ist Bond drauf und dran, seine Kündigung einzureichen, weil er seither keinen adäquaten Doppelnull-Auftrag mehr bekommen hat und er Blofeld weitersuchen möchte. Der meldet sich von selbst beim Amt für Heraldik, weil er gerne der Graf de Bloville wäre; Bond reist in die Schweiz, von wo aus der Schuft die britische Landwirtschaft noch gründlicher ruinieren möchte, als es die Eurokraten in Brüssel je könnten: bakteriell. Nachdem auch dies unterbunden ist, verläßt Bond zwecks Eheschließung den Geheimdienst Ihrer Majestät, tritt aber nach seiner unerwartet schnellen Verwitwung sofort wieder ein, um Blofeld endgültig zur Strecke zu bringen.

Der elfte und vorletzte James-Bond-Roman Ian Flemings, *Du lebst nur zweimal*, in dem dies gelingt, spielt bereits nach 1961, dem Jahr, in dem Allen Dulles (1893–1969) den Chefsessel des amerikanischen Geheimdienstes CIA räumte. Am Ende dieses Abenteuers ist 007 verschollen, und M muß einen Nachruf in die *Times* setzen. Bei dieser Gelegenheit korrigierte Fleming das Alter seines mittlerweile langsam in die Jahre kommenden Helden nach unten: »Als er Fettes mit siebzehn Jahren verließ, hatte er zweimal dafür als Leichtgewicht geboxt und dazu die erste ernstzunehmende Judoklasse an einer englischen Internatsschule gegründet. Man schrieb das Jahr 1941: Bond gab sich als neunzehn aus und trat . . . in eine Abteilung des Verteidigungsministeriums ein.«

Kingsley Amis weist auf die widersprüchlichen Altersangaben hin: »Es hat heute den Anschein, Bond könne damals vor Kriegsausbruch . . . nicht älter als fünfzehn gewesen sein. Er gewann bei dieser Gelegenheit eine Million Francs, die er aber bei seiner Abteilung abliefern mußte. Mit Recht. Schließlich ist das entschieden zu viel Taschengeld für einen schottischen Schulbuben, auch wenn er Ferien macht.«

Nach einem totalen Gedächtnisverlust, einer Gehirnwäsche in Moskau und einem mißlungenen Mordversuch an M, aber auf nicht ganz vierzig Jahre verjüngt, tötet er um das Jahr 1963 herum Scaramanga, den Mann mit dem goldenen Colt.

Was aber war vorher? Wer waren Bonds Eltern, was machte Bond, ehe er Geheimagent wurde? Fleming berichtet nur, daß Bond einmal Latein und Griechisch gelernt hat, daß irgendwann einmal die Loire seine Lieblingslandschaft wurde und daß er vor Verleihung des Doppelnullstatus unter der Nummer 7777 geführt wurde – der Nummer, unter der ihn M in *Du lebst nur zweimal* als Diplomaten nach Japan schickt. Irgendwann vor dem Krieg hat der Agent auch ein Spezialtraining bei einem

Kartenprofi namens Steffi Esposito absolviert. Es nutzt ihm beim Spiel gegen Drax und Goldfinger.

John Pearson hat die biographischen Lücken in seiner wirklich gut konstruierten, teilweise als fiktives Interview gestalteten Biographie des James Bond geschlossen. Obwohl Bond eigentlich *forever young* bleiben müßte und keine linear verlaufende Lebensgeschichte besitzen dürfte, hat Pearson es richtig gemacht: Er erzählt zwar, was Bond in seiner Jugend, während des Krieges und danach getrieben hat, verpaßt ihm aber eine in jeder Weise defekte Familie und läßt ihn nie selbständig werden. Immerfort befindet er sich in der Obhut irgendwelcher Älterer, die ihm sagen, was er zu tun hat. Ausbrüche aus dieser Obhut verlaufen im Sande, die Fürsorge einer Tante vertauscht er mit der Fürsorge Ms. Die Lektüre des Scherzos macht Spaß, und Pearson hat sogar Bonds genaues Geburtsdatum in Erfahrung gebracht, pardon, erfunden:

»Tatsächlich stamme ich von der Ruhr. Ich wurde in einer Stadt namens Wattenscheid in der Nähe von Essen geboren, am 11. November 1920, am Armistice-Day. In meinen Adern fließt, das beeile ich mich hinzuzufügen, kein Tropfen deutsches Blut – soweit man sich solcher Dinge sicher sein kann. Wie Fleming irgendwo schreibt, war mein Vater ein Schotte aus dem Hochland, meine Mutter eine Schweizerin.«

Der Vater Andrew ist Ingenieur bei Metro-Vickers. Im Ersten Weltkrieg verliert er seinen Arm. Andrew Bond verschlägt es nach Deutschland, später nach Moskau, wo er (aber das ist natürlich eine Fiktion Pearsons) zu den der Spionage angeklagten Ingenieuren gehört, von deren Prozeß (das ist wieder Tatsache) Ian Fleming 1933 als Reuter-Korrespondent berichtete.

Die Mutter Monique Delacroix stammt aus dem Schweizer Kanton Vaud, ist eine begeisterte Bergsteigerin und wird später, vor allem durch die Belastungen während des

Prozesses, psychisch krank. In ihrer Verwirrung unternimmt sie eines Tages Hals über Kopf eine Bergtour. Ihr Mann klettert ihr nach, um sie aufzuhalten. Beide kehren nicht wieder zurück.

Solchermaßen verwaist, werden James und sein jüngerer Bruder Henry von ihrer englischen Tante Charmaine in Pett Bottom bei Canterbury erzogen. 1933 sind beide Eton-Schüler, doch seine Schullaufbahn beendet der kaum zu bändigende Jimmy nicht hier, sondern in Fettes. Die Ferien verbringt er auf dem Kontinent. Bei dem Kitzbüheler Skilehrer Hannes Oberhauser lernt er Skifahren. Später wird er der Geliebte der wesentlich älteren Marthe de Brandt, »so einer Art Spionin«. An ihrer Seite lernt er das schöne süße Leben im Luxus kennen. Neben seinen Hobbys Bergsteigen und Skifahren frönt er bereits jetzt exzessiv dem Kartenspiel und schnellen Automobilen. Bei einem Autounfall kommt Marthe ums Leben, er selber trägt die Narbe auf der Wange davon, die sein auffälligstes Kennzeichen werden wird.

Sein Freund und Gönner Mr. Maddox macht die Abwehr auf den frühreifen jungen Mann aufmerksam. Diese läßt Bond nach dem Training bei dem Kartentrickspezialisten – oder Trickkartenspezialisten – Steffi Esposito absolvieren und schickt ihn nach Monte Carlo, wo er kurz vor Kriegsausbruch jene Gruppe rumänischer Falschspieler entlarvt, die Spezialbrillen zum Erkennen der Zinken benutzt – von Ian Fleming in *Casino Royale* als erste Großtat Bonds erwähnt.

Im Krieg dient Bond in der Navy. Auf der Insel Wangerooge versteckt, beobachtet und meldet er die Bewegungen der deutschen U-Boot-Flotte (damit läßt Pearson Bond eine Schnapsidee von Ian Fleming verwirklichen, der während seiner Zeit als Geheimdienstler tatsächlich den Plan entwickelte, einen im Inselsand eingegrabenen Späher vor den U-Boot-Bunkern der Nazis zu postieren). In die Kriegszeit fällt auch die Liquidation des japanischen Code-Spezialisten, die zusammen mit der Tötung eines norwegischen Doppelagenten Grundlage für die Erteilung des Doppelnull-Status bilden wird. Schließlich muß er sich noch mit den »Werwölfen« auseinandersetzen, einer Art Nazi-Partisanen, die in letzter Sekunde noch den Endsieg sichern sollen.

Nach dem Krieg aus der Navy entlassen, steht Bond ohne Arbeit da. Sein Freund Maddox führt ihn mit M zusammen, der ihn für den Secret Service rekrutiert: die Karriere beginnt. Was jedoch keinem, der die Serie fortgeführt hat, aufgefallen zu sein scheint: Bond hat Nachkommenschaft von Kissy Suzuki, der reizenden Perlentaucherin aus *Du lebst nur zweimal.* Man stelle sich vor, das wäre ein Junge gewesen, 1965 geboren, James David Bond genannt. Der hätte 1993 genau das richtige Alter gehabt, nach intensiver Ausbildung durch Tiger Tanaka in die Fußstapfen seines Vaters zu treten, als smarter Typ, halb japanischer Ninja, halb britischer Gentleman – und er wäre geeignet gewesen, das Genre des Agententhrillers mit denen der Kung-fu- und Ninja-Filme zu verbinden. Jean-Claude van Damme hätte wahrlich keine Chance gehabt!

Irgendwann einmal wurde offenbar die Lebensarbeitszeit für Geheimagenten ins Unendliche verlängert, denn im Jahr 1989, in dem *Lizenz zum Töten* spielt, feiert Bond immerhin sein fünfzigjähriges Dienstjubiläum – ein halbes Jahrhundert zuvor hat er den Fall der falschspielenden Rumänen in Monte Carlo bearbeitet. *Congratulations, Mr. Bond!*

Eines jedoch ist seltsam: Bond trifft, bis auf einige wenige kurze Episoden, nie mit prominenten Personen, Politikern oder Schauspielern, zusammen. Autoren, die in der Nachfolge Conan Doyles neue Abenteuer um Sherlock Holmes, seinen Bruder Mycroft oder den in Wahrheit gar nicht so schusseligen Inspector Lestrade ersinnen, überschlagen sich fast, um ihre Protagonisten mit historischen Persönlichkeiten zusammenzuführen. Königin Victoria, Dracula-Erfinder Bram Stoker, Sigmund Freud, Otto von Bismarck, der Weltkriegsgefreite Schicklgruber (Adolf Hitler), Jack the Ripper, Charlie Chaplin und Albert Einstein – es gibt kaum einen prominenten Zeitgenossen mehr, der nicht irgendwann einmal den Weg einer Figur aus dem Doyleschen Kosmos gekreuzt hätte. Holmes spielt auch in so manchem fremden Roman mit. »Intertextualität« nennen die Literaturwissenschaftler das. In Lauren D. Estlemans Roman *Sherlock Holmes versus Dracula* (London 1978, keine deutsche Übersetzung) zum Beispiel kämpft der Detektiv anstelle des Dr. van Helsing gegen den »blutrünstigen Grafen« (Untertitel).

James Bond, wie er Charles de Gaulle vor einem »Schakal« rettet – Frederick Forsyth' Roman aus dem Jahr 1971 nochmals mit 007 in der Hauptrolle zu schreiben wäre sicherlich faszinierend, doch die Firma Danjaq, die sich mit der Verwertung der Bond-Figur und des 007-Logos beschäftigt, würde vermutlich ein solches literarisches Scherzo nicht allzu gerne genehmigen.

Nicht einmal bei den Bond-Epigonen Wood und Gardner kommt jedoch vor, was wirklich problemlos zu arrangieren wäre: Bond vor der Queen kniend, den Ritterschlag entgegennehmend, Bond in Winston Churchills Studierzimmer, letzte Instruktionen empfangend, oder Bond mit John Le Carré fachsimpelnd. Vielleicht liegt es daran, daß er schon für Fleming eine Märchenfigur, eine Projektion seiner Wunschträume war. Da hätten reale historische Persönlichkeiten sicherlich nur den Traum ge- oder gar zerstört.

Erst als die Figur im Film schon nicht mehr so ernstgenommen wurde – Roger Moore war inzwischen der Darsteller des James Bond geworden –, erlaubten sich die Filmproduzenten in *For Your Eyes Only* (dt. *In tödlicher*

Mission) einen kleinen Scherz: Während sich die völlig ent-
kleidete Carole Bouquet mit den Worten »for your eyes
only« den Blicken Bonds (nicht des Publikums) präsentiert, versucht Margaret Thatcher von ihrer Küche aus über
Funk dem erfolgreichen Geheimagenten zu gratulieren.
Während sie mit einem Papagei flirtet, hindert sie noch
ihren Mann Dennis daran, am Salat zu naschen. Dieser
Auftritt forderte zumindest das britische Publikum zu großen Beifallsbekundungen heraus.

Weiteren Staatsoberhäuptern begegnet Bond erst wieder in John Gardners Roman *Sieg oder stirb, Mr. Bond*, wo
er neben George Bush auch Margaret Thatcher und Michail Gorbatschow das Leben rettet. Allerdings liegen die
drei, von Terroristen betäubt, in künstlichem Tiefschlaf
(wie der Leser aus anderen Gründen vermutlich auch) und
lernen ihren Retter gar nicht kennen.

Gut und teuer: Bonds Geschmack

Will er erfolgreich sein, muß sich ein Geheimagent chamä-
leongleich bis zur Unkenntlichkeit an seine Umgebung an-
passen können. Tut er das nicht, bleibt seine wahre Identität nicht lange geheim. Ein Chamäleon ist jedoch als
Identifikationsfigur für den Leser unbrauchbar. Also
mußte Fleming etwas in sich völlig Widersprüchliches
schaffen: den jederzeit wiedererkennbaren Geheimagenten. Er opferte der Kunst die Plausibilität, denn an einer
wirklichen Agentenfront wäre 007 bei seinem ausgepräg-
ten Individualismus bald liquidiert worden.

Bond ist – und da hat ihm wahrscheinlich Ian Fleming
eigene Charakterzüge angedichtet – ein Gewohnheitstier
erster Klasse mit dekadenten Neigungen. Selbst einen so
alltäglichen Vorgang wie das Frühstücken erhebt er in den
Rang einer kultischen Handlung; Menus stellt er mit gro-

ßer Raffinesse und Akribie zusammen; Wohlbefinden und Zufriedenheit beschert ausschließlich das richtige (Marken-)Produkt und seine nachgerade liturgische Verwendung.

Bond wohnt in der Nähe der King's Road, und seine Wohnung wird von May in Ordnung gehalten, einer schottischen Hausperle unbestimmten Alters, jedoch alt genug, um nicht in Bonds Bett zu landen, wo er statt eines Pyjamas einen Kimono trägt. May ist für ihn, was Mrs. Hudson für Sherlock Holmes ist, und dafür zuständig, daß er niemals Tee, sondern immer den Kaffee von De Bry bekommt. Bond ißt »– nach einem großen Glas Orangensaft auf nüchternen Magen – drei Rühreier, zu denen er eine doppelte Portion Kaffee ohne Zucker trank« (Casino Royale). Dazu kommen traditionsgemäß noch zwei Scheiben Toast. Zuvor hat Bond natürlich heiß gebadet und sich danach kalt abgeduscht. Nach dem Frühstück ein Blick zur Uhr, einer Rolex Oyster Perpetual. Sie zeigt, daß es Zeit ist für eine Zigarette von der Firma Morland in der Londoner Grosvenor-Street: exklusive, mit drei Goldringen verzierte Spezialanfertigungen aus Orientmischungen, die er in einem Etui aus Kanonenrohr aufbewahrt. Bei Nordamerika-Aufenthalten raucht er übrigens Chesterfield. Seinen Tagesverbrauch beziffert er auf drei Päckchen pro Tag. Zum Anzünden benutzt er ein eloxiertes Ronson-Feuerzeug.

Die Schilderung von Bonds Wohnung erfolgt bei Fleming wie bei dessen Nachfolgern nur schemenhaft. Anders als Sherlock Holmes mit seiner Geige, seinem türkischen Pantoffel und allem anderen Krimskrams umgibt sich Bond nicht gern mit Dingen. Er wird immer erst Bond durch die Reaktion auf einen äußeren Anstoß: zu Hause ist wenig Gelegenheit dazu. Ein geigender Bond? Bond beim Abwasch? Darum wird er immer von London weggeschickt, wenn er etwas zu tun bekommt. Am wohlsten fühlt er sich in der Anonymität luxuriöser Hotelsuiten. Dort ist er am nächsten bei sich selbst, schaltet sozusagen auf *standby*-Betrieb.

Abends dann das bevorzugte Getränk: der weltberühmte trockene Martini aus drei Maß Gordon's Gin, einem Maß Getreide-Wodka und einem halben Maß Kina Lillet, geschüttelt, nicht gerührt. Er trinkt auch gerne mal eine halbe Flasche Whisky am Abend, getreu seinem Motto: »Ich sterbe einfach lieber am Suff als an Durst.« Bonds Größe wird mit 1,83 m angegeben, sein Gewicht mit 76 Kilo, und er sieht dem Jazz-Pianisten und Komponisten des Klassikers *Stardust* Hoagy Carmichael (1899–1981) ähnlich und – jedenfalls nach Ansicht seiner Liebesgrüße aus Rußland sendenden Gespielin Tatjana Romanowa – auch Petschorin, dem romantischen Protagonisten des russischen Klassikers *Geroj naschego wremeni* (1840, dt. *Ein Held unserer Zeit*) von Michail Lermontow (1814–1841).

Ian Fleming beschreibt ihn in *Liebesgrüße aus Moskau* folgendermaßen: »Der Spiegel zeigte ihm ein schmales, kantiges Gesicht mit graublauen Augen und einem harten, hungrigen Ausdruck. Jede seiner Bewegungen war geschmeidig und sicher, ob er sich nun mit den Fingern über das Kinn strich, um die Rasur zu überprüfen, oder sein widerspenstiges schwarzes Haar glatt zurückbürstete.« Bond hat ziemlich lange, schwarze Brauen; über die rechte fällt kommaförmig eine Haartolle. Die ziemlich lange, gerade Nase endet über einer kurzen Oberlippe, und der große, feingezeichnete Mund wirkt grausam; die Kinnpartie ist fest und gerade. Entschlußkraft, Autorität und Erbarmungslosigkeit erkennt SMERSCH-Boß Grubosabojschtschikow auf einem Foto Bonds.

Seine Lieblingskleidung besteht aus einem schweren weißen Seidenhemd, schwarzer Strickkrawatte, einer dunkelblauen Hose aus Navy-Tuch und dunkelblauen Socken, dazu ein Blazer. Auf dem Kriegspfad und auch beim privaten Anschleichen bevorzugt er blankpolierte schwarze Mokassins; den Hut, den er im Film und in manchen Comics beim Betreten von Ms Vorzimmer immer mit so sicherer Hand auf den Huthalter wirft, trägt er in den Büchern übrigens nie, in den Filmen selten.

Manchmal pfeift er morgens bei der Rasur – der einzigen des Tages. Wenn er pfeift, dann den traurigen Calypso »Marion«, »After you've Gone« von J. Turner Layton – beides Lieblingsnummern von ihm – oder den alten Piaf-Hit »La vie en rose«. Bei Gardner hat er seine sentimentalischen Anwandlungen aufgegeben zugunsten einer Sammlung alter Schellack-Jazzplatten, etwa von Gertrude »Ma« Railey (1886–1939).

In seiner Wohnung sind, soviel ist sicher, Bücherregale angebracht. Was er liest, ist ungleich weniger sicher. Meistens handelt es sich um Pflichtlektüre zur Vorbereitung auf einen neuen Fall. Vor seiner Abreise nach Istanbul (in *Liebesgrüße aus Moskau*) nimmt er sich Eric Amblers *Maske des Dimitrios* vor, vor dem Kampf gegen Mr. Big (in *Leben und sterben lassen*) Patrick Leigh Fermors *The Traveller's Tree*, ein Buch über Voodoo, manchmal, zur Auffrischung, auch *Scarnes großartigen Leitfaden für Falschspieler* und dann natürlich *The Craft of Intelligence*, Allen Dulles' Buch über den Geheimdienst. John F. Kennedys 1957 mit dem Pulitzer-Preis ausgezeichnetes Buch *Profiles in Courage* (dt. *Zivilcourage*) hat er zumindest mal in der Hand. Anhaltspunkte dafür, daß er je Ian Flemings Werke zur Kenntnis genommen hätte, liegen nur bei Pearson vor, in dessen Buch sich Bond beiläufig darüber ärgert, von Fleming nicht als der kompetente Büromensch dargestellt worden zu sein, der er auch sein könne. Was nur wenige wissen: Wenn er nicht gerade im internationalen oder gar galaktischen Maßstab arbeitende Gangster jagt, sitzt er – wie jeder Beamte – am Schreibtisch. Dabei geht ihm eine

Sekretärin zur Hand. Zunächst ist es eine Dame mit dem erotischen Namen Loelia Ponsonby, genannt »Lil«. Sie macht, so wird im Roman *Im Dienste Ihrer Majestät* beiläufig erwähnt, Mary Goodnight Platz. Bond weiß Beruf und Vergnügen strikt zu trennen und läßt sich mit Lil auf keine Amouren ein, mit Mary Goodnight erst, als sie nicht mehr seine Sekretärin ist. Aus Kummer über sein Verschwinden in *Du lebst nur zweimal* läßt sie sich in die Karibik versetzen, wo ihr neuer Vorgesetzter gleich ein Opfer Scaramangas wird. Hier trifft sie Bond wieder, der das finale Duell mit dem Profikiller nur schwerverletzt überlebt, doch sie unterstützt seine Genesung natürlich aus Leibeskräften. Der Schluß von Ian Flemings letztem Roman freilich deutet an, daß den beiden kein dauerhaftes Glück beschieden ist.

Ein einziges Mal – in *Im Dienste Ihrer Majestät* – tritt Bond in den heiligen Stand der Ehe – für einen Tag, denn noch bei Antritt der Hochzeitsreise verwitwet er gleich wieder. Offenbar war sie eine Frau, wie Bond sie sich vorstellte, »die Sauce Béarnaise zubereiten und genauso gut lieben kann. . . . Sie muß daneben natürlich auch das haben, was man üblicherweise von einer Frau verlangen kann: goldenes Haar, graue Augen, einen sündigen Mund, eine vollkommene Figur. Und natürlich muß sie Spaß verstehen und wissen, wie man sich kleiden muß, wie man Karten spielt und so weiter – eben das Übliche.«

Forever young

Gardner hat Bond einer vorsichtigen Verjüngungskur unterzogen. Moreland stellt natürlich noch immer seine Zigaretten her, jedoch als »lights«, mit wenig Teer. Nach dem Tod eines als Millionär in Australien verstorbenen »Onkel Bruce«, von dem bis dahin niemand etwas gehört hatte, ist

Bond ein reicher Mann. Zwar ersteht er sofort ein Häuschen im Grünen, von dem aus er London rasch erreichen kann, aber er bleibt »im Geheimdienst Ihrer Majestät«. Obwohl er es finanziell überhaupt nicht nötig hätte, unterzieht er sich weiterhin schwersten Trainingsaufenthalten in Camps der SAS und lernt schließlich sogar Harrier-Senkrechtstarter fliegen.

Neues Glanzstück aus Qs Zauberküche ist ein Koffer, dessen Inhalt dank trickreicher Elektronik beim Durchleuchten auf Flughäfen nicht sichtbar wird. Im Grunde allerdings verwundert diese umständliche Erfindung, denn es gibt mittlerweile Porzellanwaffen, die von Röntgenstrahlen ebenfalls nicht wahrgenommen werden. Möglicherweise kennt der alte Waffenmeister aber auch nur seine Pappenheimer allzu gut und hat Angst, daß so ein gutes Stück beim Herunterfallen in Scherben geht. Wie auch immer, die gute alte Beretta hat er schon zu Flemings Zeiten eingezogen und durch eine Walther PKK ersetzt. Bei Gardner benutzt Bond eine 9 mm ASP-Pistole, die in Teflon gelagertes Hackschrot verfeuert (sogenannte Glaser-Geschosse), und als schweres Geschütz eine 44er Magnum Ruger Blackhawk. Von der sechsläufigen »Minigun«-Maschinenkanone aus dem Vietnamkrieg, die Arnold Schwarzenegger als »Terminator« zum Einsatz bringt, ist er noch ein Stück weit entfernt, aber er schießt beliebig mit Uzis oder der tödlichen Ingram M 11.

1982, während des Falkland-Krieges, ist er laut Gardner immer noch im aktiven Dienst. »Damals erschien er – ohne daß ihn jemand erkannte – in den Fernsehnachrichten.« Wir dürfen einmal annehmen, daß es sich bei dem weißhaarigen alten Herrn, der mit dem Krückstock in die Kamera winkte, um James Bond handelte – immerhin wäre er 1982, geht man von Flemings ursprünglicher Rechnung aus, fast siebzig Jahre alt. Fragt sich nur, wie lange Ms hundertster Geburtstag zurückliegt. (»Blofeld hat die gesamten Weltvorräte von Gelée Royale in seine Hand gebracht. Fliegen Sie nach Jamaika, Nullnullsieben, und holen Sie sie hierher!«)

Bonds Fuhrpark

Kleine Jungen spielen gern mit Autos. Große noch viel lieber. Getreu der Devise *Buy British* bevorzug 007 Automobile aus heimischer, insularer Produktion: 1933 kauft er sich »fast neu« einen 4,5-l-Bentley mit Kompressor, den er aufgebockt über den Krieg bringt und der dann von einem Bentley Continental Mark III abgelöst wird.

Bei Gardner ersetzt er diesen durch einen SAAB 900 Turbo mit Sonderausrüstung, die ihn zu einer automobilen Festung macht: Rundumpanzerung, kugelsichere Bereifung, Halongas-Feuerlöscher im Unterbodenbereich (falls man einmal mehr als nur Kastanien aus dem Feuer holen muß), Langstrecken-Telefon für verschlüsselte Nachrichtenübermittlung und verschiedene Geheimfächer, in denen der freundliche Herr vom Zoll die Vierundvierziger nicht findet.

Von der Erbschaft seines Onkels Bruce kauft sich Bond einen Bentley Mulsanne Turbo und beläßt ihn – fast – im serienmäßig gelieferten Zustand, nur die Geheimfächer müssen sein.

Im Film fahren Bond, seine Kollegen und Gegner schlichtweg alles, was Räder hat, selbst Fahrräder wie in *Never Say Never Again* (dt. *Sag niemals nie*). Bekanntestes »Bondomobil« ist natürlich der berühmte Aston Martin DB 5 mit Peilanlage, Maschinengewehren, Wasserwerfer, Ölspritze und einem ausfahrbaren Kugelschutz im Heck sowie den Messern in den Radnaben, mit denen man in bester Ben-Hur-Manier die Pneus zu überholender Fahrzeuge zermetzeln kann.

Der tauchfähige Lotus Esprit, den er in *Der Spion, der mich liebte* steuert, beeindruckte 007 sichtlich so, daß er auch in *In tödlicher Mission* ein Fahrzeug dieses Typs fährt. In Spanien parkt er das neueste Modell mit Qs neuester Diebstahlsicherung. Die funktioniert durchschlagend: als ein Ganove trotz des dezenten Hinweises auf »burglar protection« die Scheibe einschlägt, fliegt ihm der Wagen dank einer eingebauten Sprengladung um die Ohren – Fahrzeugschutz total.

Mit Timothy Dalton kehrt Bond wieder zum Aston Martin zurück. In der Tschechoslowakei ruiniert er einen Aston Martin Volante mit Q-Sonderausstattung: auf die Windschutzscheibe projizierte Armaturen, Seitenschweller, die nach dem Ausfahren als Gleitkufen dienen, einen Raketenwerfer sowie einen Laser, der ein überholendes tschechisches Milizfahrzeug glatt in zwei Teile zerschweißt.

Rolls-Royce fährt Bond nur incognito, etwa als James St. John-Smythe in *Im Angesicht des Todes*. Zur Strafe endet das silbermetallicfarbene Automobilmonster in einem Teich. Ami-Schlitten benutzt er nur im äußersten Notfall, in *Diamantenfieber* etwa einen knallroten Ford, den er unter geschickter Verwendung einer zufällig im Wege stehenden Rampe auf die Seitenräder kippt, um so eine schmale Stichstraße zu durchfahren, in der der Polizeiwagen hinter ihm schmählich steckenbleibt. In *Der Mann mit dem goldenen Colt* dreht er luftige Kapriolen mit einem Hornet Hatchback, einem AM Coupé wachsen gar Flügel, und es fliegt davon. In *In tödlicher Mission* gar steht ihm nur eine »Ente«, ein 2 CV von Citroën, zur Verfügung, um Verfolgern in zwei schweren Peugeot-Limousinen davonzufahren, und als es in dem in Deutschland spielenden Teil von *Octopussy* einmal schnell gehen soll, ist das erste Auto, das anhält, der VW Käfer eines älteren überfreundlichen Ehepaares.

Am Steuerrad deutschen Blechs läßt sich Bond selbst

erst in späteren Jahren blicken. Timothy Dalton benutzt, natürlich nur leihweise, einen Audi 200 Avant und einen 200er Quattro. Die Fahrzeuge »mit dem guten Stern auf allen Straßen« sind bestenfalls ausländischen Kollegen vorbehalten wie dem Polizisten Hip aus Hongkong in *Der Mann mit dem goldenen Colt*, meist aber den Unterschurken; in *Goldfinger* etwa rasen wild um sich ballernde Asiaten in schwarzen Mercedes-Limousinen hinter dem DB 5 her und verwandeln sie teilweise in Wellblechhaufen, ausnahmsweise in *Octopussy* fährt Bond selbst einen Daimler, durch geschicktes Schleudern fallen die Reifen ab, und er rast auf Schienen hinter einem Zug her, bis sein Auto vom Gegenzug erfaßt wird. In dem Film *In tödlicher Mission* hat er das außerordentliche Vergnügen, einen schwäbischen Nobelhobel mit einem einzigen Fußtritt in einen Abgrund zu befördern.

Die tollsten Dinger dreht 007 freilich in *Lizenz zum Töten* mit einer Kolonne von riesigen Kenworth-Sattelschleppern mit Tankauflegern. Er liefert sich nicht nur, in voller Fahrt auf den Maschinen herumturnend, ein packendes Duell mit seinem Widersacher Franz Sánchez, sondern läßt eine Zugmaschine auf die Hinterräder steigen, ein anderes Mal kippt er sie – wie Sean Connery in *Diamantenfieber* seinen Ford – immer noch mit Vollgas über eine kurvenreiche Gebirgsstrecke preschend, auf die seitlichen Räder.

Bonds alter Vorkriegs-Bentley dagegen spielt nur in zwei Filmen eine (Neben-)Rolle: David Niven braust in der Parodie darin herum, und man sieht sogar, wie er den Kompressor zuschaltet. In *Sag niemals nie* fährt dann Sean Connery in seinem alten Bentley vor, steigt zur Verfolgung von Barbara Carreras getuntem Renault Alpine dann aber lieber doch auf ein modernes Motorrad mit Raketentriebwerk um.

Bonds Frauen

Frauen sind der einzige Lebensbereich, in dem M Bond – vermutlich im Wissen um dessen größere Kompetenz – einige Freiräume gewährt, jedoch nicht die Freiheit einer dauerhaften Verbindung.

Eins ist klar: 007 »mochte prominente Frauen nicht, die, wie Filmstars, der Öffentlichkeit gehörten, sondern unbekannte, die er selbst entdecken und erobern konnte. Zugegeben, das war vielleicht Snobismus. Oder es lag daran, daß man an die Berühmtheiten nur schwer herankam« *(Im Dienste Ihrer Majestät)*.

Fleming konnte wunderschöne Sätze über die wahre Liebe schreiben, die bekanntermaßen ganz leise ist, zum Beispiel in *Diamantenfieber:* »Wenn zwei Menschen sich lieben, ist es ein berauschender Augenblick, sobald der Mann seinen Arm zum ersten Mal in der Öffentlichkeit – in einem Restaurant oder im Theater – um die Taille des Mädchens legt und das Mädchen diesen Arm fest an sich drückt. Diese beiden Gesten besagen alles – die Verträge sind unterschrieben. Und dann folgt eine lange Minute des Schweigens, in der nur das Blut singt.«

Die meisten der von Flemings Bond eroberten Frauen entstammen in der Tat einem eher öffentlichkeitsscheuen Milieu, nämlich dem der Verbrecher oder Geheimdienstmitarbeiter: Vesper Lynd, Solitaire, Pussy Galore, Jill und Tilly Masterson, Gala Brand, Domino Petacci und wie sie alle heißen mögen.

Gelegentlich gab sich Ian Fleming auch seinen Träumen hin. Honeychile Rider aus *Dr. No* ist einerseits ein Naturkind, andererseits aber auch ein Märchenwesen und ein Zitat aus der bildenden Kunst. Bei ihrer Schilderung stand dem Autor sicherlich die »Aphrodite Anadyomene«, die »schaumgeborene Venus« der griechischen Mythologie, vor Augen und natürlich auch das im Text erwähnte, etwa

1478 entstandene Gemälde »Die Geburt der Venus« von Botticelli (ca. 1444–1510) aus den Uffizien in Florenz. Es ist lediglich eine leichte Verfremdung, wenn sich Honeychile den Blicken Bonds zunächst als Rückenakt darbietet. Es gelingt Fleming jedoch mit einer einzigen Geste, aus dem Mythologie-Zitat wieder einen lebendigen Menschen zu machen: Bei der ersten Begegnung mit Bond bedeckt die gerade nackt dem Meer Entstiegene – anders als zu erwarten wäre – zwar mit der einen Hand ihre Scham, mit der anderen jedoch nicht ihre Brüste, sondern die seit einer Vergewaltigung entstellte Nase. Im Film *Dr. No* entsteigt Ursula Andress in einem geradezu wehrhaften, wie eine kugelsichere Weste wirkenden Bikini dem Meer; dafür darf sie in der Bond-Parodie *Casino Royale*, in der sie die Superspionin Vesper Lynd spielt, ohne diesen zwar nicht dem Ozean ent-, aber ihre Badewanne besteigen – Zitat, Verdeutlichung und Veralberung in einem. In der Kurzgeschichte *For Your Eyes Only* (dt. *Für Sie persönlich*) hat sich Fleming nochmals von der Antike inspirieren lassen, denn Pfeil und Bogen, mit denen sie gegen von Hammerstein zu Felde zieht, weisen Judy Havelock als späte Nachfahrin von Diana aus, der Göttin der Jagd.

John Gardner hat natürlich auch versucht, es dem großen Vorbild nachzutun. An der Art, wie dies geschieht, zeigt sich der gewaltige literarische und geschmackliche Unterschied zwischen Fleming und ihm.

In Gardners zweiter Bond-Fortsetzung *Moment mal, Mr. Bond* steht Blofelds Tochter Nena Bismaquer völlig nackt, mit gespreizten Beinen über dem noch im Bett liegenden Bond und richtet mit dessen Pistole ihre Komplizen hin. Im folgenden Nahkampf stürzt das noch immer nackte Mädchen durch eine Glasscheibe in das Gehege zweier Riesenschlangen, die sie sofort umfangen. An alle besonders niedrigen Instinkte appelliert dabei der Umstand, daß Nena eines Erbschadens wegen nur eine Brust besitzt. Zu verlockend dürfte für Gardner die Vorstellung von einer einbrüstigen Frau gewesen sein, die »mythologisch splitternackt«, um mit Heinrich Heine zu sprechen, den *showdown* bestreitet und anschließend in der – auf Gardner vielleicht erotisch wirkenden – Umarmung zweier Riesenschlangen umkommt. Zu Nenas Einbrüstigkeit wurde der Autor vermutlich von der antiken Sage um das Volk der kriegerischen Amazonen inspiriert, die sich die rechte Brust verstümmelt haben sollen, um beim Bogenschießen nicht behindert zu sein.

Ansonsten liebt Gardner es intellektueller, bei ihm ist ein Hochschulabschluß kein Hindernis für eine Frau, Bond zu erobern. Besondere Raffinesse legt Q'ute, Qs neue Assistentin, an den Tag, soll heißen an die Nacht. Q'ute ist ein Wortspiel aus Q (für die Q-Abteilung) und dem Wort »cute«, das im Englischen »schlau«, im Amerikanischen aber »hübsch« bedeutet. Miss »Ganz-schön-schlau« also verführt Bond in einem High-tech-Schlafzimmer, indem sie zunächst einmal ein erotisches Hologramm von sich vorführt. Pubertärer können Phantasien kaum sein.

Die Filme bieten in der Regel dem Helden gleich zwei Frauen an; dabei ist die eine das Doofchen und kommt nicht selten zur Strafe auch noch um, die andere ist die Kluge und darf das Finale in Bonds Armen erleben. Manchmal wird das Verfahren auch umgedreht, ein Prinzip ist nicht so recht erkennbar. Bond scheint sich noch nicht entschieden zu haben, welcher Frauentyp ihm lieber ist. Ausgeschlossen aus dem Kreis möglicher Geliebter bleiben lediglich rothaarige Damen, der IQ spielt keine Rolle.

In *Diamantenfieber* trifft Bond im Casino von Las Vegas die – zum Glücksspiel anregende – Animierdame Plenty O'Toole – unverkennbar Natalie Woods schöne Schwester Lana, mit viel *tool*, aber wenig Fortune. Dauernd fällt ihr irgend etwas ins Wasser, zuerst die ersehnte Liebesnacht mit Bond, dann sie selber, weil irgend so ein Grobian von Tiffanys Leuten sie aus dem Fenster von Bonds Hotelsuite mehrere Stockwerke tief in einen Swimmingpool wirft. Beim nächsten Wasserfall hat sie unglücklicherweise ein Gewicht an den Füßen. Bond kriegt am Schluß die clevere, optisch etwas unscheinbarere »Tiffany Case« Jill St. John.

Genauso läuft es in *Moonraker* mit der Hubschrauberpilotin Corinne Dufour, die in Drax' Schloß Bonds Herz und Bett erobert und später von wilden Dobermännern zerrissen wird. Bond lotst darum die kluge Astronautin »Dr. Holly Goodhead« Lois Chiles ins Weltraumbett.

In *Der Mann mit dem goldenen Colt* ist es umgekehrt: Die schöne, kluge Andrea wird erschossen, Bond erobert die ziemlich dusselige großäugige Blondine »Mary Goodnight« Brit Ekland, deren Kurven schlichtweg gemeingefährlich sind – gemeingefährlich deshalb, weil sie mit den hinterwärtigen dummerweise den Energiekollektor aktiviert, über den Bond sich gerade beugt.

Natürlich nimmt Bond nicht alles, was ihm so zufällt. In *In tödlicher Mission* findet er beim Nachhausekommen das Eislaufsternchen Bibi in seinem Bett vor, doch er weigert sich, von diesem Pralinée zu naschen, und schickt das Mädchen zurück zur Trainerin. Bibi muß sich dann mit dem väterlichen Columbo – nicht dem Inspektor, dem Schmuggler – trösten.

Bond bevorzugt die reiferen Jahrgänge wie »Dr. Holly Goodhead« Lois Chiles aus *Moonraker*, eine überaus schlagkräftige promovierte Astrophysikerin und Astronautin, dazu CIA-Agentin – die rechte Überleitung zu »Melina Havelock« Carole Bouquet, dem der Jagdgöttin Diana nachempfundenen Racheengel mit der Armbrust.

»Octopussy« Maud Adams befehligt immerhin noch eine Bande weiblicher Räuber, bis dann »May Day« Grace Jones ins *Angesichts des Todes* tritt: frisch aus dem Arnold-

Schwarzenegger-Spektakel *Conan the Destroyer* (1984, dt. *Conan der Zerstörer*) importiert, eine wirklich starke Frau, die Männer leichthin über den Kopf stemmt, Karate beherrscht und den Fallschirmabsprung vom Eiffelturm wagt, eine Unterschurkin von Format also. Sie tut etwas, was Bond-Frauen selten tun: Sie opfert ihr Leben für den Helden, indem sie auf einem Rollwägelchen die zur Zerstörung von Silicon Valley vorgesehene Bombe in ein Bergwerk befördert, wo sie bei der Explosion umkommt.

Vorläufiger Höhepunkt – nach der nur schönen, musischen Maryam d'Abo aus *Hauch des Todes* – ist »Pam Bouvier« Carey Lowell in *Lizenz zum Töten*. Pam fliegt ein Flugzeug wie der Teufel, und wenn Not am Mann ist, räumt sie, in eine Panzerweste gekleidet, mit einer *pumpgun* auf, daß Bond nur so staunt. Trotzdem verzichtet er darauf, solch eine gefährliche Frau mit ins Bett zu nehmen, und begnügt sich mit der wesentlich hilf- und harmloseren Aktrice Lupa Lamora.

Solchermaßen reagiert die Bond-Serie natürlich auf die Entwicklung starker Frauengestalten, wie sie zum Beispiel Sigourney Weaver in der *Alien*-Trilogie verkörpert, oder Sarah Connor, der androgynen Frau, die dem »Terminator« Schwarzenegger so mannhaft widersteht.

Immer am Ende eines Abenteuers darf Bond in den Armen einer Frau einen Abglanz von Geborgenheit genießen. Danach ist es mit dem Erwachsenspielen wieder vorbei, dann heißt es zurück unter die Kuratel der »Eltern«.

M, Q und Miss Moneypenny: Bonds »Familie«

His only friend: Felix Leiter

James Bond hat keinen »treuen Chronisten«, der einer staunenden Nachwelt seine Abenteuer überliefern würde, so wie es Dr. Watson für Sherlock Holmes tut. Das hat einen einfachen Grund: In Bonds Umgebung sinkt die Lebenserwartung rapide. (So ist es, nebenbei, leider auch höchst unwahrscheinlich, daß heute noch in den stählernen Kammern irgendwelcher Londoner Banken Manuskripte mit unveröffentlichten Bond-Abenteuern lagern.)

Wenn sich Flemings Bond in den USA aufhält, ist Felix Leiter nicht weit – schon deshalb, weil die Doppelnull in Amerika wenig gilt (was allerdings im Verlauf der Storys in Vergessenheit zu geraten pflegt). Leiter ist ein Jazzliebhaber und kennt sich gut in der Theaterszene der Schwarzen aus – ein Umstand, der ihm in *Leben und sterben lassen* das Leben rettet.

Nun werden aus Freunden gerne Rivalen. Doch Fleming hat auf rabiate Weise dafür gesorgt, daß das nie der Fall wird: Schon im Roman *Leben und sterben lassen* wirft ein farbiger Schuft Leiter einem weißen Hai zum Frühstück vor – lange vor Steven Spielberg. Von da an trägt Leiter eine Hakenhand und eine Beinprothese, und es besteht keine Gefahr mehr, daß er Bond in Sachen Kampf oder Frauen zum Konkurrenten werden könnte. Die CIA entläßt den Behinderten natürlich, rekrutiert ihn aber von Zeit zu Zeit, wenn zum Beispiel Erzbösewicht Blofeld wieder mit geklauten Atombomben spielt. Leiter ist dann stets als amerikanischer Kontaktmann zur Stelle.

Im Roman *Moment mal, Mr. Bond* stellt John Gardner

Leiters Tochter Cedra vor. Sie ist CIA-Agentin wie der Papa und zieht mit James Bond in den Kampf gegen Nena Bismaquer, die Tochter Blofelds, die SPECTRE neugegründet hat. Für Bond, der selbst die von Natur aus einbrüstige Nena nicht verschmäht (bevor er deren wahre Identität kennenlernt, versteht sich), ist die Tochter seines besten Freundes tabu. Es bedarf der Intervention von Felix, damit er sich schließlich zu einem Urlaub mit dem schönen Mädchen bequemt.

Die Filmserie wußte mit Leiter wenig anzufangen und hielt ihn immer klein; anders als bei M, Q oder Miss Moneypenny bemühte man sich nicht um darstellerische Kontinuität und änderte den Charakter der Figur je nach Laune ab. Meist wurde Felix von den gelackten Schönlingen wie Rick van Nutter *(Feuerball)* dargestellt, die als bloße Zuarbeiter fungieren. Cec Linder in *Goldfinger* macht aus der Figur einen lieben Opa, der nie weiß, was läuft, und Norman Burton in *Diamantenfieber* einen nörgeligen Babysitter, der Bond daran hindern soll, in den Straßen von Las Vegas allzu viele Autos zu Wellblech zu verarbeiten. In *Leben und sterben lassen* fungiert David Hedison als eine Art amerikanischer M, der Bond via Telefon regelrecht fernsteuert. Erst in *Sag niemals nie* steht Felix als gleichwertiger Partner an der Seite Bonds: Er kämpft wie er, läßt sich in einer Einmann-Rakete aus einem U-Boot durchs Wasser und an Land schießen wie er und heizt den Gegnern mit großkalibrigem Schießzeug ein. Bei diesem ersten farbigen Felix Leiter versteht man, warum ein Mann wie James Bond Freundschaft mit ihm pflegt. David Hedison aus *Leben und sterben lassen* wurde für *Lizenz zum Töten* als Leiter reaktiviert, und diesmal darf er als erster Weißer können, was der Protagonist kann. Zur Strafe erwischt ihn dann der Hai.

Die Stimme seines Herrn: M

Auf die Frage von Tiffany Case, ob er denn schon verheiratet sei, antwortet Bond: »Genaugenommen bin ich fast schon verheiratet – mit einem Mann. Der Name fängt mit M an. Von ihm müßte ich mich erst scheiden lassen, bevor ich versuchte, eine Frau zu heiraten.«

Die Stimme von M ist für Bond »his master's voice«, »die kalte Stimme, die Bond liebte und der er jederzeit gehorchte«. Diese Stimme nennt den Geheimagenten nur bei seltenen Anwandlungen persönlicher Anteilnahme »James«, sonst raunzt er mit unpersönlicher Kälte nach »Nullnullsieben«. Vergeblich versucht Ms Vorzimmerdame Miss Moneypenny, diese Kälte mit mütterlicher Warmherzigkeit zu kompensieren, doch für subordinates Personal – selbst solches mit Doppelnull-Status – bleibt die Sekretärin des Chefs allemal tabu.

M ist eine Art Übervater für Bond. Er erzieht, lobt und bestraft ihn, wie ein leiblicher Vater das tun würde, hetzt ihm gegebenenfalls Ärzte und »Hirnklempner« ans Krankenbett und mißbilligt fortwährend den lockeren Lebenswandel seines Schützlings. Nichts bringt besser das Verhältnis zu M zum Ausdruck als Bonds Name. »Bond« bedeutet nämlich Fessel, bondage Hörigkeit, Leibeigenschaft, Knechtschaft. Vielleicht kennzeichnet auch die Doppelnull vor der Dienstnummer 7, daß der Geheimagent »eine Null ist«, daß er keine selbständige Persönlichkeit ist, die etwas zu sagen hat, sondern ein Befehlsempfänger – ein Commander steht, wiewohl selber Offizier, weit unter einem Admiral.

Wie auch immer, Geheimhaltung ist Ms Hobby, drum weiß man über ihn so wenig. Verheiratet ist M allenfalls mit dem Geheimdienst, den er zunächst unter der Tarnbezeichnung »Universal Export«, später »Transworld Consortium« vom siebten Stock eines am Regents Park gelegenen Gebäudes aus leitet. Ms richtiger Name ist Admiral Miles Messervy. Er kommt wie Ian Fleming und James Bond von der Marine. M benutzt zum Schreiben grüne Tinte und für private Mitteilungen eine Schreibmaschine mit übergroßer Type. Wenn er nicht im Büro arbeitet, findet man ihn meist im vornehmen »Blades-Club«, wo man nur gegen eine Sicherheit von einhunderttausend Pfund Mitglied werden kann – eine Summe, die der Staat sicherlich gerne für den Geheimdienstchef ausgelegt hat, treffen sich bei »Blades« doch immer die größenwahnsinnigen Millionäre wie Sir Hugo Drax, um nach einigen kleineren Mogeleien beim Kartenspiel die atomare Vernichtung der britischen Insel vorzubereiten.

1925 ist M Trauzeuge der Havelocks. Als das Ehepaar nach dem Krieg von dem Ex-Nazi von Hammerstein aus schierer Habgier ermordet wird, erteilt M in *Für Sie persönlich* Bond den ersten und einzigen Privatauftrag seiner Karriere: Rache zu nehmen für den Tod der Freunde.

M bewohnt ein Häuschen, das er in alter Seemanns-Manier »Zwischendeck« nennt. Dort wird er von einem alten Butler-Ehepaar namens Hammond betreut. In Kingsley Amis' Bond-Adventure *Liebesgrüße aus Athen* werden die Hammonds ermordet und M entführt. In Griechenland befreit ihn 007 aus der Hand eines chinesischen Obristen. Normalerweise müßte ein Geheimdienstchef nach einem solchen Zwischenfall den Hut nehmen. Nicht so M. Wahrscheinlich hat er soviel Geheimwissen über höchste Regierungskreise gehortet, daß eine Abberufung schlechterdings nicht im Bereich des Machbaren liegt. M steht also offenbar höher als die Regierung. Vielleicht ist er sogar manchmal die Regierung, so wie Sherlock Holmes' cleverer Bruder Mycroft es bei Conan Doyle ist. (Eine hübsche Vorstellung: M heißt in Wirklichkeit Miles Messervy Holmes, Papa Mycroft hat sein nirgendwo definiertes Amt an ihn weitervererbt, und die in der Familie Holmes mittlerweile seit langem bekannte lebensverlängernde Wirkung von Gelée Royale sorgt für Ms Langlebigkeit.)

Ungeachtet seines eigenen immensen Tabakkonsums propagiert M mit geradezu missionarischem Eifer ein gesundes Leben, was 007 in *Feuerball* bei Rohkost und Rauchverbot einen Gratisaufenthalt im Geheimdienstsanatorium einträgt. So kam John Pearson in seiner Bond-Biographie auf die naheliegende Idee, M zu einem überzeugten Anhänger der Freikörperkultur zu machen und ihn mit dieser Neigung in Schwierigkeiten zu bringen.

Von den Russen wird Bond in *Man lebt nur zweimal* einer Gehirnwäsche unterzogen und »umgedreht«. Als er in *Der Mann mit dem goldenen Colt* wieder vor M steht, feuert er eine Blausäure-Pistole auf seinen Chef ab. Es spricht für die Reflexe des alten Seebären, daß er rechtzeitig eine Panzerglaswand zwischen sich und den Geheimagenten aus der Decke herabfahren läßt. Dann erweist er sich als Gentleman der alten Schule: Bond darf sich rehabilitieren oder in Ehren im Kampf gegen Scaramanga fallen. Bond fällt nicht, und danach ist der Vorfall vergessen.

Bis einschließlich *Moonraker* wird M im Film von Bernard Lee (1908–1979) dargestellt, einem schweren, freundlichen Mann mit der Ausstrahlung natürlicher Autorität, so daß er »oft einen Sergeanten oder Superintendenten« *(Filmgoer's Companion)* spielen mußte. In dem Film *In tödlicher Mission* wird die Rolle von Bill Tanner übernommen, in *Sag niemals nie* von James Fox, seit *Octopussy* wird M von Robert Brown gespielt. In der Filmparodie *Casino Royale* übernahm gutgelaunt der Regisseur John Huston die Rolle des Geheimdienstbosses. M – das Kürzel steht hier für McTarry – versucht mit seinen Kollegen Smirnow vom KGB, Le Grand vom Deuxième Bureau und Ransom von der CIA den im Ruhestand lebenden, inzwischen geadelten James Bond zu reaktivieren. Im Geheimdienst ginge es drunter und drüber, Agenten aus aller Welt verschwänden spurlos, und nur er allein könne da noch helfen. Als Bond sich weigert, läßt M sein Landschlößchen von der britischen Artillerie unter Beschuß nehmen. Dabei kommt M ums Leben. Lediglich das künstliche Haarteil bleibt von ihm übrig.

Sir James hat nun die traurige Aufgabe, der Witwe Lady Fiona McTerry das einzige Überbleibsel des Verblichenen zu überbringen. Auf dem schottischen Stammsitz der Familie muß er erfahren, welch ein Lustmolch M zu Hause gewesen war, hielt er sich doch einen Harem junger Mädchen, mit denen er sich unter anderem in der Badewanne vergnügte. Lady Fiona, nicht minder sinnenfreudig, bleibt auch als trauernde Witwe den fleischlichen Genüssen zugetan. Nach einem bacchanalischen Leichenschmaus mit Tanzen und Trinken bis zum Umfallen betritt sie in einem lasziven schweren Negligé Bonds Schlafzimmer, um den ihr nach alter Sitte zustehenden »Witwentrost« einzufordern. Sir James, als das genaue Gegenteil seines vitalen Namensvetters von der Kinoleinwand, lehnt indigniert ab. Später entpuppt sich Lady Fiona als Doppelagentin.

Einen M ganz anderer Art mimt 1982 in *Sag niemals nie* James Fox (*1939), der sich auf britische Adlige und noble Offiziere spezialisiert hatte. Regisseur Irvin Kershner machte aus der Not – dem Tod Bernard Lees – eine Tugend und wies Fox im Figurendialog explizit als Nachfolger des Verstorbenen aus. Der neue M ist ein arroganter Bürokrat ohne wirkliches Interesse an der Arbeit der Doppelnull-Abteilung. Als höchste Auszeichnung für Bonds Mühen bei der Rettung der Welt vor SPECTRE sieht er eine Einladung zum Abendessen an; Bond zieht es daraufhin vor, den Rest seines Lebens an der Seite von »Domino« Kim Basinger in den Tropen zu verbringen, und widersetzt sich dem Befehl zur Rückkehr nach London.

Da M offenbar noch in alter Frische hoch über dem Regents Park regiert, sind seine Memoiren, so interessant sie für einen guten Ghostwriter *(Come on, Mr. Pearson!)* wären, vorerst nicht in Aussicht.

Agenten sterben schneller: Die Doppelnull-Abteilung

Sie besteht vornehmlich aus 007 und leidet unter permanentem Mitgliederschwund. In dem Buch *Mondblitz* ist von zwei Kollegen die Rede: 0011, der in Singapur untergetaucht ist, und 008, genannt Bill, der aus der DDR entkommen sein und sich zur Erholung in Westberlin aufhalten soll. 008, heißt es später in *Goldfinger*, sei »ein guter Mann, vorsichtiger als Bond«. Deshalb, so vermutet Bond, würde 008 im Falle seines Ablebens sein Nachfolger werden. In *Feuerball* leitet dann 009 die Abteilung während Bonds Zwangsaufenthalts im Sanatorium – wer 009 ist, bleibt unklar. Wohl nicht der ehemalige Slawistikdozent aus John Pearsons Biographie, denn der muß zur Zeit, da *Feuerball* spielt, schon einige Jahre tot sein. Ein wieder anderer 009 findet in *Octopussy* den Tod, und zwar von den Händen eines messerwerfenden Zwillingspaars. Die Nummer bringt kein Glück: auch in dem Comic-Abenteuer *Serpent's Tooth* wird 009, zum Höhlenmenschen zurückmutiert, erstochen.

Schon bevor die Handlung des Films *Der Mann mit dem goldenen Colt* einsetzt, hat Agent 002 sein Leben in Kairo ausgehaucht. Er stirbt beim Liebesrausch mit einer Bauchtänzerin, die fortan Scaramangas goldenes Dumdumgeschoß als Talisman im Bauchnabel trägt (es zu stehlen wird eine der delikatesten Aufgaben in Bonds Laufbahn). Der nächste 002 wird im Vortitel von *Der Hauch des Todes* gemeuchelt ebenso wie 004. Es kann sich aber nur um eine Verwechslung handeln, die beiden sahen George Lazenby und Roger Moore wohl zu ähnlich. Agent 003 wird ebenfalls auf Eis gelegt – zu sehen in der frostigen Vortitel-Sequenz von *Im Angesicht des Todes*.

In Amis' Buch *Liebesgrüße aus Athen* tritt der ehemalige 005 Thomas Stuart auf, der sich eine Existenz als Buchhändler aufgebaut hat, nachdem ihn ein Augenleiden für den aktiven Dienst hat untauglich werden lassen; auch er verschwindet im Laufe des Geschehens spurlos.

Da M laut Fleming Männer mit Bärten haßt, müssen wir uns die Angehörigen der Doppelnull-Abteilung ohne diese Manneszier vorstellen – also nicht wie im Film *Feuerball*, wo Bond bei einer Krisensitzung im Kreis sämtlicher Doppelnullagenten zu sehen ist; etwas von ihm entfernt sitzt – wahrscheinlich ein feindlicher Spion – ein Mann mit Vollbart.

Viel mehr läßt sich über Bonds Doppelnull-Kollegen nicht berichten, außer: sie leben garantiert nicht lange.

Der Geheimdienst-Düsentrieb: Q

Bei Fleming heißt Q nicht Q, sondern Major Boothroyd; Q wird die von ihm geleitete Abteilung genannt. Major Boothroyd versorgt als Waffenmeister den Geheimdienst mit dem modernsten Schießgerät und überwacht das Schießtraining der Agenten. Nebenbei entwickelt er Tarnkoffer, Holster und ähnliche Lederwaren.

Bei Gardner steht ihm eine Assistentin, Anne Reilly, zur Seite, eine Elektronikspezialistin von hohen Gnaden. Im Gegensatz zu Moneypenny kann sie 007 nicht widerstehen. Längeres Liebesglück ist den beiden freilich wegen Unvereinbarkeit der Dienstpläne nicht beschieden.

In *Dr. No* wird Major Boothroyd von Peter Burton als nichtssagender Subalternbeamter gespielt, fast so nichtssagend wie Geoffrey Baldon in der Parodie *Casino Royale*. Erst in *Liebesgrüße* stößt Desmond Llewelyn zum Team, zunächst als »Boothroyd«, ab *Goldfinger* als »Q«. Nun produziert er auch die Markenzeichen der Serie: irrwitzige Waffen und Transportmittel. Mit überbordender Phantasie ersonnen, wirken sie fast wie Scherzartikel und sind doch immer wieder lebensrettend für 007. Traditionsgemäß muß Bond, ehe er die neuesten Kreationen ausgehändigt bekommt, Qs Allerheiligstes passieren und sieht so allerhand Blödsinn in der Testphase: explodierende Bolas oder schlafende Mexikaner, die sich als getarnte MGs entpuppen.

Obwohl Q mit seinen ausführlichen Erklärungen in Wissenschafts-Chinesisch M auf die Nerven geht, sind sich die beiden hinsichtlich Bonds »Ungezogenheit« einig, und Q fungiert als verlängerter Arm Ms, wenn er Bond ins Gewissen redet, die schönen neuen Spielzeuge zu schonen. Aber der unartige Agent macht, zum Teufel noch mal, alles immer gleich kaputt, kaum daß er zu Risiken und Nebenwirkungen die Packungsbeilage gelesen oder Qs Instruktionen angehört hat.

Der geradezu hellsichtige Q stellt genau die Geräte bereit, die Bond im nächsten Einsatz brauchen wird, gleichwohl nimmt der Praktiker Bond den Theoretiker und »Eierkopf« Q nie recht ernst. Im Gegenzug mißbilligt Q schärfstens Bonds ausschweifendes Sexualleben. Wenn es heikel wird jedoch, steht der alte Erfinder an Bonds Seite: Als Timothy Dalton die *Lizenz zum Töten* verliert, versorgt er den Agenten heimlich, damit M nichts merkt, mit schwerem Equipment.

Der Schauspieler Alex McCowen, der in *Sag niemals nie* die Rolle einmal übernimmt, legt seinen Q völlig anders an als Desmond Llewelyn. Mit ihm ist Q ein James-Bond-Fan durch und durch: Er freut sich, daß 007 nach Monaten oder Jahren unproduktiver Lehrtätigkeit wieder in den aktiven Dienst zurückgekehrt ist, wünscht ihm viele aufregende Abenteuer auch auf sexuellem Gebiet und schickt ihm seine neueste Erfindung, ein Superbike mit Turbobooster, nach Nizza hinterher. In *Sag niemals nie* hat Q nun endlich auch einen Vornamen: Algeron, kurz Algy.

Doch wie Q auch dargestellt wird, hinter Stichelei und Verehrung verbirgt sich immer treue Fürsorge. Eine kleine Szene, die mit dem psychologischen Gemeinplatz von der Pistole als Phallussymbol spielt, zeigt, wie sehr sich Q um Bond sorgt. In *Liebesgrüße aus Moskau* hatte Bonds 25er Beretta jämmerlich versagt, in *Dr. No* nun nimmt Q ihm die Waffe ab mit den Worten ». . . bleibt in den Kleidern hängen, wenn man schnell ziehen muß.« Dann überreicht er 007 eine Walther PPK, was M mit einem anerkennenden Brummeln unterstützt. Von seinen »Doppelvätern« M und Q wird James Bond wirklich für alle Lebenslagen ausgerüstet!

Unerhört: Miss Moneypenny

Die Frau, die Bonds Lager nie teilt, ist Ms Vorzimmerlady Miss Moneypenny. Sie braucht weder Mann noch Vornamen, weil sie zum festen Inventar von Ms Büro gehört. Ebenso wie Q spielt Miss Moneypenny bei Ian Fleming nur eine untergeordnete Rolle.

An dieser Vorgabe ändert John Gardner nichts Wesentliches, doch bei ihm darf sie immerhin mal ein Abenteuer erleben. Zusammen mit Bonds Hausdame May wird sie in *Niemand lebt für immer* entführt. Verbrecher nehmen die beiden Damen als Geiseln, um an James Bond heranzukommen, auf dessen Kopf eine Prämie ausgesetzt worden ist.

Erst im Film wird sie, zärtlich »Penny« genannt, stark aufgewertet. An ihrem Schreibtisch holt sich 007 den Appetit fürs nächste amouröse Abenteuer, um dann zu ihrem Bedauern doch auswärts zu essen. In dem Film *Im Geheim-*

dienst Ihrer Majestät muß sie als Zeugin von Bonds Hochzeit gar manche Träne der Rührung zerdrücken.

Die herbe, etwas affektierte Lois Maxwell (*1927) spielte die Rolle von Anfang an. Mit Roger Moores Abgang aus der Serie verläßt auch sie ihr Sekretariat, im *Hauch des Todes* sind Amtsgeschäfte und Name bereits von der wesentlich jüngeren, hinreißend bebrillten Blondine Caroline Bliss übernommen worden. In *Sag niemals nie* schließlich tritt mit der dunkelhaarigen Pamela Salem eine unauffällig-hübsche Allerweltsfrau auf, die ihre Strickjacke über die Schultern hängt und teilnahmsvoll-besorgt zwischen dem Chef und ihrem Lieblingsagenten hin und her blickt – wie es gute Sekretärinnen eben tun.

Erhört wird Miss Moneypenny nur in der Filmparodie *Casino Royale*. Da muß Sir James Bond feststellen, daß das Verhältnis mit Miss Moneypenny nicht ohne Folgen geblieben ist. Prompt taucht eine neue, jüngere Miss Moneypenny auf, und wieder sitzt sie in Ms Vorzimmer.

Drax, Goldfinger und Konsorten: Bonds Gegner

Schlaffer Händedruck und schlechtes Benehmen: Die Bösewichter

Kingsley Amis ist es als erstem aufgefallen, wie sehr sich Bonds Gegner gleichen: alle haben sie rote Augen oder Haare und einen schlaffen Händedruck. Außerdem sind sie leicht daran zu erkennen, daß sie beim Kartenspiel mogeln und den falschen Wein zum richtigen Fisch bestellen. Und schließlich handelt es sich bei ihnen niemals um Engländer, Amerikaner oder Japaner – gerade letzteren erweist Ian Fleming immer wieder tiefen Respekt. Nur wer Deutscher ist, einer meist kontinentalen Kleinnation angehört oder, noch besser, ein Mischling ist, kann ein guter Großverbrecher werden. Alle Schurken haben – wohl aufgrund ihrer meist zweifelhaften Abstammung – einen Adelstick: Goldfinger will das perfekteste perfekte Verbrechen aller Zeiten begehen und, solchermaßen Kriminalgeschichte schreibend, in den Adel seiner Zunft aufsteigen; der Pole Blofeld gibt seine mühevoll aufgebaute Tarnung auf, um das heraldische Forschungsamt in London zu bitten, seine Abstammung aus dem Geschlecht derer von Bloville nachzuweisen. Der deutsche Panzerleutnant Hugo Drax hat sich aufgrund seiner generösen Raketenspende bereits das »Sir« vor dem (falschen) Namen verdient, dennoch will er die Hauptstadt des Empires in die Luft sprengen.

Dies schizoide Persönlichkeitsprofil übernahmen alle, die in Ian Flemings Sinne Bond-Abenteuer schrieben oder schreiben: Kingsley Amis und Christopher Wood genauso wie John Gardner. Fleming beschreibt beispielsweise Le

Chiffre so: »Ohren klein, mit langen Ohrläppchen, Hinweis auf jüdische Abstammung. Hände schmal, gepflegt, behaart. Füße klein. Äußere Erscheinung deutet auf romanische Abstammung mit preußischem und polnischem Einschlag hin.«

John Gardners erster Bösewicht, der Laird of Murcaldy, ist kein britischer Adliger, sondern irgend ein Bastard, der sich den Titel mit falschen Papieren erschlichen hat. Häuptling Brokenclaw in dem Buch *Fahr zur Hölle, Mr. Bond* ist einerseits Indianerhäuptling, andererseits aber auch »Pate« von Chinatown in San Francisco – die gemischtrassige Abstammung macht es möglich, zumal beide Elternteile, jedenfalls Brokenclaws eigenem Bekunden zufolge, den jeweiligen Führungseliten ihrer Völker entstammen. Als Bond ihm unterstellt, daß seine Mutter eine chinesische Straßenhure und sein Vater auch nichts Besseres gewesen sei, rastet der Chief regelrecht aus – Hinweis auf die Richtigkeit von Bonds Vermutung.

In dem Film werden allzu offen ausgespielte ethnische Negativbilder vermieden, und wenn Schurken aus der Dritten Welt stammen, stellt man ihnen meist vorsichtshalber – man will ja die Zuschauer in keinem Land verprellen – einen weißhäutigen Kollegen zur Seite. Generell aber gilt: Wer häßlich, zu groß oder zu klein ist oder abartigen sexuellen Neigungen frönt, der ist auch böse. Die Beschreibung von SMERSCH-Chef Grubosabojschtschikow in Flemings Buch *Liebesgrüße aus Moskau* ist typisch für viele Schurken, gegen die James Bond kämpfen muß: »Unter den runden braunen Augen, die wie gläserne Murmeln hervortraten, hingen wulstige Tränensäcke. Die Brauen waren buschig und schwarz. Der Kopf war kahlgeschoren, und die gespannte weiße Haut glitzerte im Schein des Deckenleuchters. Der Mund lag breit und grimmig über dem gespaltenen Kinn. Es war das harte, unnachgiebige Gesicht der Autorität.«

So oder so ähnlich wurden die ersten Darsteller des Blofeld, Donald Pleasence (*1919) und Telly Savalas (*1924), zurechtgeschminkt. Noch schlimmer verwüstet ist das Gesicht von Sir Hugo, wie es Ian Fleming in *Mondblitz* beschreibt: »Er war großgewachsen – Bond schätzte ihn auf fast einsneunzig – und auffallend breitschultrig. Er hatte einen mächtigen Schädel und rötliches, in der Mitte gescheiteltes Haar. An beiden Seiten war das Haar tief auf die Schläfen heruntergekämmt. Vermutlich, dachte Bond, um soviel wie möglich von der glänzenden, narbigen Haut zu verbergen, die den größten Teil seiner rechten Gesichtshälfte verdeckte. (. . .) Das rechte Ohr war stark deformiert. Am auffallendsten aber war die Entstellung des rechten Auges: es war beträchtlich größer als das linke, weil sich die auf Ober- und Unterlid verpflanzte Haut zusammengezogen hatte.« Christopher Wood variiert in seinem Roman *Moonraker* diese Beschreibung nur unwesentlich.

Sämtliche Schurken sind ins Negative gewendete Vatergestalten. Nicht umsonst nennt im Buch Le Chiffre Bond in einem fort »mein lieber Junge«. »Alle die tiefgründigen Eigenschaften, die Fleming Le Chiffre und anderen Bösewichten zuschrieb«, meint John Pearson in seiner Fleming-Biographie, »sind genau die Eigenschaften, die Kinder am meisten an Erwachsenen fürchten.«

Das Verhältnis zwischen Bond und den bösen »Vätern« ist nicht selten geprägt von unterschwelligem Sexualneid. Le Chiffre läßt keinen anderen Körperteil Bonds mit einem Teppichklopfer mißhandeln als die Genitalien. Anja Amasowa macht es ihm in Christopher Woods *Der Spion, der mich liebte* in einer in die Filmhandlung eingefügten Episode aus Rache für die dienstliche Tötung ihres Geliebten nach – allerdings mit Elektroschocks. Erzschurke Ernst Stavro Blofeld tötete Ehefrau Tracy am Morgen nach der

Hochzeit – in einem traditionell als Zustand sexueller Verwundbarkeit angesehenen Momente also; Goldfinger schließlich droht, Bond mit der Kreissäge beziehungsweise im Film mit dem Laser von unten bis oben zu zerteilen – was implizit auch einen Kastrationsversuch darstellt, ebenso wie der Ausflug Roger Moores, der in *Im Angesicht des Todes* an einem Seil unter dem hoch über San Francisco schwebenden Zeppelin des Irren Max Zorin hängt: Um nicht an den Spitzen und Antennen einiger Wolkenkratzer hängenzubleiben, muß 007 manchmal ganz schön weit die Beine spreizen.

Sexualneid ist im Gegenzug einer der Gründe, daß Bond sich regelmäßig bemüht, an die Stelle des Schurken zu treten und dessen Geliebte zu erobern – falls sie hinreichend attraktiv ist. So »übernimmt« er Mr. Bigs Gespielin Solitaire in *Leben und sterben lassen* und Emilio Largos Freundin Domino Petacci in *Feuerball*; andere, die ihm zufallen, haben zwar nicht direkt das Lager des Bösewichts geteilt, ihm aber nahegestanden wie Pussy Galore in *Goldfinger*. Im Film setzt sich dieses Verhaltensmuster fort, man denke an Andrea Anders in *Der Mann mit dem goldenen Colt,* an May Day in *Im Angesicht des Todes* oder an Lupe Lamora in *Lizenz zum Töten.*

Vor allem jedoch sind die Schurken bei Fleming und seinen Nachfolgern in Literatur und Film moderne Umsetzungen des bösen Zauberers aus dem Märchen. Die Autoren der Filmparodie *Casino Royale* machen das deutlich, wenn sie Orson Welles als vitalen »Le Chiffre« das Publikum im Casino von Royale-les-Eaux mit allerlei Gaukelwerk, wie zum Beispiel der schwebenden und dann verschwindenden Jungfrau, unterhalten lassen. Ähnlich märchenhaft wirken die Bösewichte in den phantastischsten aller Bond-Streifen, *Der Spion, der mich liebte* und *Moonraker.*

Auch John Gardner betont die märchenhaften Ursprünge der Schurken und läßt zum Beispiel Bond über »Scorpius'« Vater Valentine, der im übrigen gern weißgewandet im Druiden-Look daherkommt, sagen, er »schien ein alter Zauberer zu sein«. Und wenn Goldfinger Wände oder Fenster auf- und zufahren, Billardtische sich in Steuerpulte verwandeln und Modelle von irgendwelchen Anlagen wie von Geisterhand bewegt aus dem Boden aufsteigen läßt – was ihm übrigens im Film nahezu alle seine Kollegen begeistert nachtun –, dann erweist er sich als moderner Nachfahre der alten Zauberer. Seine magischen Kräfte sind nun eben Motorkraft und Elektronik.

Alle Schurken haben einen gemeinsamen Fehler: ihre maßlose Eitelkeit. Sie halten sich für unschlagbare Genies, und wenn 007 gefesselt vor ihnen liegt, töten sie ihn vernünftigerweise nicht sofort, sondern begrüßen ihn als den ersten intelligenten Zuhörer seit langem, als einen, der ihre Genialität endlich richtig würdigen könne. »Das Laster gefällt sich selbst. Sonst könnte es nicht bestehen. Subjektiv gefällt dem Lasterhaften sein Laster.« Die Beobachtung des jugoslawischen Schriftstellers Oskar Daričo läßt sich gut auf die Verbrecher, gegen die 007 kämpfen muß, übertragen. Indem sich die Lasterhaften an der Schilderung ihrer eigenen Geniestreiche berauschen, bieten sie Bond Gelegenheit zur Gegenoffensive. Und der langt dann natürlich so hin, daß von Genie und Adel nicht mehr viel übrigbleibt. Auric Goldfinger – der kurzatmige Apoplektiker von obskurer baltischer Abkunft – ist so töricht, daß ein lebender Bond bei der Durchführung seines sinistren Plans nützlicher sei als ein halbierter toter. Selbst als er den Geheimagenten nach dem gescheiterten Überfall auf Fort Knox zum zweiten Mal – diesmal in seinem Privatjet – in seiner Gewalt hat, redet er noch so lange herum, daß 007 sein Messer aus dem Schuh holen und damit einen Druckabfall in der Kabine herbeiführen kann: Fakto saugt es hinaus, Goldfinger wird genüßlich erwürgt (im Film ist es

Gerd Fröbe, den es hinaussaugt, nachdem Oddjob bereits einen wahrhaft elektrisierenden Tod im Haupttresor von Fort Knox gestorben ist).

Bei allem fällt der enorme Respekt sämtlicher Finsterlinge vor der Serienkontinuität auf. Bond gerät ja nicht immer, aber regelmäßig in Gefangenschaft und wird gefoltert. Niemals jedoch wird er dabei körperlich nachhaltig geschädigt, sieht man von ein paar Narben an unauffälliger Stelle ab. Die Schurken können alle kein Blut sehen. Nicht auszudenken, fiele der Held einmal einem echten Sadisten in die Hände, der mit mittelalterlichem *hard stuff* arbeitet wie Streckbank, Spanischer Stiefel, Brustkralle oder Afterbirne! 007 wäre nach einer solchen Behandlung nicht einmal mehr in der Lage, wie »Der Chef« Raymond Burr (1917–1993) vom Rollstuhl aus seinen Dienst zu versehen. Ein Serienkiller wie Dr. Hannibal Lector gar, der Hirn, Leber oder noch delikatere Körperteile verzehrte: James Bonds Lämmer wären für immer zum Schweigen gebracht. So aber erwächst aus der gegnerischen Sorge um körperliche Unversehrtheit die Rettung, und die Serie kann weitergehen.

Auch Max Zorin aus *Im Angesicht des Todes* – ebenfalls ein Zauberlehrling mit Begeisterung für motorbewegte Highlife-Accessoires – unterschätzt Bond und rettet ihn durch eine überkomplizierte Hinrichtungsmethode. Er will den Agenten, dessen Identität ein Computer enttarnt hat, bei einem Pferderennen zu Tode stürzen – die Hindernisse lassen sich per Fernsteuerung verschieben, und falls das nicht hilft, kann das Pferd durch einen ferngesteuert verabreichten Hormonstoß zum Durchgehen gereizt werden.

Der figuralen Kontinuität, die die Filmserie durch »Q« Desmond Llewelyn, »Miss Moneypenny« Lois Maxwell, die »Ms« Bernard Lee und Robert Brown sowie den Dauer-Verteidigungsminister Geoffrey Keen auf britischer Seite erzielte, entspricht immerhin eine Figur im russischen Lager: der von Walter Gotell verkörperte General Gogol, offenbar der sowjetische Geheimdienstchef. In *Liebesgrüße* versieht noch die zu SPECTRE übergewechselte »Rosa Klebb« Lotte Lenya diesen Posten, danach übernimmt ihn *for once and forever* Gotell, der in *Liebesgrüße* noch den von Bond in einer fulminanten Seeschlacht abgefackelten Unterschurken namens Morzenny spielt.

Gogol ist im Film weder häßlich noch wirklich böse, kein »Grobhäuer« wie SMERSCH-Boß Grubosabojschtschikow bei Fleming, sondern »otschen kulturnyj« (sehr kultiviert), was ja schon sein dem Klassiker der Weltliteratur Nikolai Wassiljewitsch Gogol (1809–1852) entlehnter Name andeutet. Je weiter die Serie voranschreitet, desto netter wird Gogol – fast wie der Beißer, der ja in *Moonraker* ins Lager der Guten überläuft. Gogol nimmt es wie ein echter Sportsmann, als Bond in dem Film *In tödlicher Mission* das von West wie Ost heißbegehrte Raketensteuergerät ATAC in den Abgrund wirft. Wenn keiner kriegt, was er will, nennt man das Entspannung.

Wie nett der sowjetische Geheimdienst im Grunde seines Herzens ist, erkennt man an der Art, wie er Agentin Pola Iwanowa in dem Streifen *Im Angesicht des Todes* in überschwenglicher Freude über einen erfolgreichen Musikkassettendiebstahl die Nase stubst. In *Moonraker* versichert er dem Westen, daß die Russen keine Orbitalstation gestartet hätten, und da es die Kapitalisten auch nicht waren, sondern Hugo Drax, wiegt er sein Haupt mitleiderregend sorgenschwer. In *Octopussy* ist es Gogol, der sich in Anwesenheit Breschnews (kommt dem Vorbild ziemlich nahe: Paul Hardwick) gegen den übergeschnappten General Orlow stellt, der am liebsten sofort einen Atomkrieg gegen den Westen vom Zaun brechen würde. Schließlich, im Film *Im Angesicht des Todes,* verleiht er 007 sogar einen Leninorden, da der UdSSR am Fortbestand der Hardware- und Software-Schmiede Silicon Valley ebenso gelegen ist wie dem Westen, und in *Hauch des Todes* küßt er ganz herzlich und hingerissen der großäugigen Cellistin Maryam d'Abo das kunstfertige Händchen.

Gogol hat meist nur kleine Auftritte. Er dient gewissermaßen als Signalflagge. Der Kinozuschauer kann sicher sein: Wo Gogol auftaucht, hat das KGB seine Hand im Spiel, und sein Gesprächspartner hält es mit den Russen, ist ein Feind. Das klärt ohne ermüdende Erläuterungen die Fronten.

In *Hauch des Todes,* also kurz bevor am 31. 12. 1991 die UdSSR ihren politischen Betrieb einstellt, wird General Gogol ins Diplomatische Korps versetzt. Auch sein Nachfolger wird nach einem sehr berühmten Schriftsteller benannt: Puschkin, allerdings nicht Alexander, sondern Leonid Puschkin. Inwischen dürfte General Gogol als Ruheständler lesend im Garten seiner Staatsdatscha sitzen. Er liest natürlich Ian Fleming, was sonst? Denn James Bond gibt es endlich in russischer Übersetzung. Als »ostrosjushetnyj roman na notsch« (etwa: »Roman zur Nacht für reife Leser«) wurde 1992 unter anderem *Der Spion, der mich liebte* in der Literaturnaja gaseta (Literaturzeitung) angekündigt.

Prominentester Anti-Bond ist bis heute Gerd Fröbe als sächselnder Edelmetallspezialist Auric Goldfinger: rothaarig, mürrisch und böse, trotz seiner Leibesfülle stets bedrohlich wirkend. Schon in der Romanvorlage von Ian Fleming wird die Figur besonders plastisch geschildert, und es gibt Hinweise darauf, daß ihr möglicherweise eine reale Person zugrunde liegt. Der Vorname Auric ist nach dem lateinischen Wort für Gold, »aurum«, passend erfunden, der Nachname Goldfinger jedoch könnte von dem Berliner Juwelier Mendel Goldfinger entlehnt sein. Mendel Goldfinger soll nach dem Zweiten Weltkrieg in Verbindung mit dem britischen Secret Service Schweizer Armbanduhren, in hohle Lokomotivteile eingeschweißt, in die Sowjetunion geschmuggelt haben. Mit dem Erlös wollte Großbritannien ukrainische Unabhängigkeitsbewegungen unterstützen. So berichtet es in seinen Memoiren Anthony S. Divall, ein in London und Hamburg beheimateter ehemaliger britischer Geheimdienstoffizier, der den »Operation Rubel« genannten Schmuggel organisiert haben will. Ian Fleming könnte bei seiner eigenen Tätigkeit für den Secret Service – oder später – von Divalls Aktionen Kenntnis erhalten haben und so auf den Nachnamen gestoßen sein, der wie angegossen einem Romanschurken paßt, der solch wertvolle Tips zur Anlageberatung von sich gibt wie: »Am sichersten verdoppelt der arme Mann sein Geld, indem er's doppelt faltet und beide Seiten zählt.«

In *Moonraker* ist Michael Lonsdale als Sir Hugo Drax der böse Bube, keine Frage, daß James Bond auch mit ihm fertig wird. Er schießt Drax einen Minitorpedo in die Brust und öffnet ihm die Tür in die Unendlichkeit des Weltalls: »Ein kleiner Schritt für Sie, aber zweifellos ein großer Schritt für die Menschheit.« Im Gegensatz zum Roman ist Drax im Film kein als Brite verkleideter revanchistischer Natioalsozialist, sondern trotz seiner Ambition, Herrenmenschen zu züchten, ein kühl denkender Technokrat, und nichts läge im vermutlich ferner, als sich in kleinliche nationalsozialistische Feindseligkeiten zu verzetteln.

Die ersten Gangster, die James Bond in den Büchern Ian Flemings bekämpfen muß, werden nicht von ihm, sondern von einer weisen Vorsehung ihrem verdienten Schicksal zugeführt. Le Chiffre in *Casino Royale* wird von einem SMERSCH-Killer erschossen, Mr. Big aus *Leben und sterben lassen* vom Hai gefressen, und Sir Hugo Drax in *Mondblitz* verglüht bei der Explosion seiner Interkontinentalrakete. In *Diamantenfieber* erschießt Bond seine Gegner erstmals selbst, doch in *Liebesgrüße aus Moskau* wird Rosa Klebb von René Mathis festgenommen, da der Held mit einer akuten Fugu-Vergiftung am Boden liegt. Erst ab *Dr.*

No gehört in den Büchern die Vernichtung des Oberschurken durch 007 zum unumstößlichen Ritual; im Film dagegen ist das von Anfang an der Fall. Gleich im Debüt *Dr. No* versenkt 007 Dr. No in einem Becken mit bedrohlich brodelnder hochradioaktiver Flüssigkeit.

In letzter Zeit mangelt es den Bond-Filmen ein wenig an zugkräftigen Bösewichten: Rußland kann nicht mehr wie zu Zeiten Ronald Reagans als »das Reich des Bösen« angesehen werden; die Deutschen kommen, trotz der Memoiren Margaret Thatchers, ebenfalls nicht mehr so recht als Schurkenreservoir in Frage, zumal die Stasi inzwischen abgewickelt wurde; Kubas Finanzkrise ist wenig kinoträchtig; und China orientiert sich langsam marktwirtschaftlich. Darum tat man sich in *Lizenz zu töten* schwer mit der Wahl eines Schurken. Man entschied sich für einen pockennarbigen Drogenboß namens Franz Sánchez. Der Darsteller Robert Davi hatte drei Jahre zuvor gerade genug Format besessen, in Arnold Schwarzeneggers *City-Hai* mal eben über den Haufen geschossen zu werden. In *Lizenz zum Töten* wird ihm immerhin ein wahrhaft zündender Abgang zuteil: Seine mit Benzin getränkte Kleidung wird nach einer fulminanten Verfolgungsjagd mit Sattelschleppern von Bond mit einem Feuerzeug in Brand gesetzt.

Schurke aller Schurken: Ernst Stavro Blofeld

Bei Fleming kämpft James Bond gegen viele Gegner von Format. Mit keinem jedoch muß er sich so ausgiebig beschäftigen wie mit seinem Erz- und Angstgegner Ernst Stavro Blofeld. 1908 in Gdingen als Sohn des Polen Ernst Georg Blofeld und der Griechin Maria Stavro Michelopoulos geboren, mausert er sich vom Maschinenbauer zum Großverbrecher. In *Feuerball* ist er soweit, zwecks nuklearer Erpressung der westlichen Welt amerikanische Atomraketen zu entführen. Zwei Bände später, *Im Dienste Ihrer Majestät*, versucht er einen bakteriologischen Krieg gegen die britische Landwirtschaft anzuzetteln und bringt Bonds frisch angetraute Ehefrau Comtessa Teresa di Vincenzo beim Antritt der Hochzeitsreise um.

Bald darauf taucht er in Japan wieder auf, wo er Suizidkandidaten in einem Park voller giftiger Pflanzen und Teichen voller Piranhas bizarre Todesarten anbietet – *just for fun,* denn Blofeld, der sich nichts sehnlicher wünscht als einen Adelstitel, ist verrückt geworden.

Die von Blofeld geleitete Verbrecherorganisation nennt sich SPECTRE, was wörtlich »Gespenst« oder »Phantom« bedeutet und eine Abkürzung darstellt aus »Special Executive for Counterespionage, Terror, Revenge and Extorsion« – »Spezialagentur für Gegenspionage, Terror, Rache und Erpressung«. Unter dieser Bezeichnung stellt Blofeld dem Meistbietenden seine private Verbrecherbande zur Verfügung. Nicht selten sind das die Russen. Blofeld geistert mit wechselndem Äußeren durch drei Romane, bis Bond ihn eigenhändig erwürgt hat – eine Todesart, die neben Blofeld auch Goldfinger erleidet.

Weil Fleming manche Gegner, wie die Brüder Spang in *Diamantenfieber,* ein wenig zu mickrig gerieten, taucht Blofeld, ausgestattet mit einer fies dreinblickenden weißen Angora-Katze auf dem Schoß, auch in Filmen auf, bei denen er in der Romanvorlage keine Rolle spielt. Gleich im zweiten 007-Film, *Liebesgrüße aus Moskau,* steckt er hinter dem merkwürdigen Komplott von Rosa Klebb und dem Schachgenie Kronsteen gegen den britischen Geheimdienst, und in *Diamantenfieber* ersetzt er die pittoresken, aber unglaubwürdigen amerikanischen Gangster des Romans. Endgültig verschwindet er erst in dem Film *In tödlicher Mission,* in dessen Vortitel-Sequenz er von einem Rollstuhl aus den in einem ferngesteuerten Hubschrauber über London herumtrudelnden Bond umzubringen versucht.

Bond gabelt Blofelds Rollstuhl auf eine Hubschrauberkufe und kippt seinen Erzfeind in einen Fabrikschlot.

Namhafte Schauspieler haben sich, mal glatzköpfig, mal blondschöpfig, in der Rolle des Blofeld profiliert: Donald Pleasence, Telly Savalas, Charles Gray und Max von Sydow. Max von Sydow, geprägt von seinen psychologisch höchst problematischen Rollen bei Ingmar Bergman, spielt den Blofeld sehr entrückt als müden Todesbotschafter – weise und freundlich, doch bei aller weißbärtigen Opahaftigkeit höchst gefährlich. Das sinistre Dreinblicken überläßt er der fiesen weißen Angora-Katze auf seinem Schoß. Eine persönliche Begegnung des Helden findet – anders als zum Beispiel in *Diamantenfieber* – mit ihm nicht statt.

Da man Blofeld nie wirklich tot gesehen hat, ließe er sich reaktivieren für den Fall, daß einem zukünftigen 007 einmal die Gegner ausgehen sollten. Und wer sollte diesen Blofeld spielen? Wie wäre es mit Sean Connery höchstselbst, als ironischer Kontra-, Höhe- und Schlußpunkt seiner Bond-Karriere.

Zwerge und Riesen: Die Unterschurken

Flemings Debüt *Casino Royale* hat keinen zugkräftigen Unterschurken, der im Dienste des Drahtziehers im Hintergrund agiert. Es erscheinen lediglich minderwertige Handlanger wie zum Beispiel zwei Bulgaren, die sich beim Versuch, Bond in die Luft zu sprengen, so kreuzdämlich anstellen, daß es sie selbst zerreißt. Auch der bulgarische Killer Krilencu aus *Liebesgrüße* stirbt den Tod, den eine miese Kreatur wie er eben verdient: Kerim Bey knallt ihn ab, als er sein Versteck hinter einem mehrere Stockwerke eines Hauses bedeckenden Filmplakat verlassen will.

Fähigere Unterschurken benutzt Blofeld. Wie Moskau bevorzugt auch er Ost- und Südeuropäer, Polen wie den

Elektronikfachmann Maslow alias Kandinsky, Sizilianer oder Hochlandtürken, denn die »Türken aus der Ebene taugen nichts« *(Feuerball)*.

Südamerikaner kommen ebenfalls vor; sie sind allerdings mit einem einzigen Handkantenschlag gegen den Kehlkopf zu erledigen, wie die Einleitungsszene von *Goldfinger* belegt, in der Bond in Caracas einen Drogenhändler rasch, fast beiläufig tötet. Für einen latenten großbritischen Chauvinismus Flemings spricht, daß sich hinter Krassno Granitzki, dem »Obersten Exekutivbeauftragten vom SMERSCH«, ein Ire namens Donovan Grant verbirgt, der obendrein, wie nachmals der heiße germano-indianische Gen-Mix J. J. Rambo, deutscher Abstammung ist: »Donovan Grant war das Produkt der mitternächtlichen Vereinigung zwischen einem deutschen Gewichtheber und einer südirischen Kellnerin. Die Vereinigung dauerte eine Viertelstunde und wurde im feuchten Gras hinter einem Zirkuszelt außerhalb Belfasts vollzogen. Danach drückte der Vater der Mutter drei Shilling in die Hand, und die Mutter ging beseligt nach Hause in ihr Bett, das in der Küche eines Cafés in der Nähe des Bahnhofs stand.« *(Liebesgrüße aus Moskau)*

Wissenschaftlich geschultes Unterschurkenpersonal stammt dagegen bevorzugt aus Deutschland, so der in Blofelds Diensten stehende Physiker Kotze oder Draxens Chefforscher Dr. Walter und sein Helfershelfer Krebs. Amerikanischer Herkunft sind Mr. Kidd und Mr. Wint aus *Diamantenfieber,* mit denen sich Fleming einen kleinen Seitenhieb gegen Homosexuelle erlaubt.

Im Film gibt er sich mehr Mühe als Fleming mit der Erfindung interessanter Unterschurken. In *Dr. No* fehlt er getreu der Vorlage noch, aber in *Liebesgrüße aus Moskau* wird bereits viel Wert auf die Rolle des Red Grand alias Colonel Nash gelegt. Robert Shaw, später der vom Fisch gefressene Kapitän in *Jaws* (1975; dt. *Der weiße Hai [1])*, muß allerdings ebenso wenig Text wie Emotionen an den Tag legen.

Erster unterschurkischer Höhepunkt ist Harold Sakata, der Darsteller des stummen Koreaners Oddjob (zu deutsch etwa: »krumme Tour«) in *Goldfinger*. Während Krassno Granitzki ein gut trainierter Kämpfer in physischer Bestform ist, scheint Oddjob reichlich überzeichnet, denn selbst ein Zehnkämpfer könnte kaum so ungerührt den Aufprall eines gegen seine breite Brust gewuchteten Goldbarren hinnehmen wie Oddjob. Zur Tötung des Koreaners bedarf es denn auch mehr als nur der besseren Karatekenntnisse: Bond grillt ihn mit Starkstrom.

Du lebst nur zweimal, von Roald Dahl geschrieben, fällt in Sachen Unterschurken ein wenig aus der Reihe; hier gibt es keinen wirklich herausragenden Kleinbösewicht, ebensowenig wie in *Im Geheimdienst Ihrer Majestät.* Erst in *Diamantenfieber* geht es mit dem fiese Sprüche klopfenden Schwulenpaar Wint und Kidd weiter, die ein ihrer Veranlagung völlig angemessenes Ende finden: Wint wird von hinten in die Luft gesprengt, Kidd von vorn flambiert.

Jedes Kind weiß es aus Märchen wie *Schneeweißchen und Rosenrot:* Zwerge sind nun einmal böse. Moderner Beweis für diese These – und Beleg für die Entwicklung der Bond-Serie hin zum Märchenhaften – ist der Zwerg Nicnac, der in der deutschen Fassung Schnickschnack heißt, aus *Der Mann mit dem goldenen Colt.* Schnickschnack ist ein wahrer Sadist, wenn es gilt, Scaramangas Reaktionsgeschwindigkeit zu testen. Immer wieder versteckt er dessen goldene Pistole, und Scaramanga muß sie wiedergefunden haben, ehe ihn der Killer erwischt, der eigens zu diesem Zweck bestellt wird und der meistens bei diesem makabren Training auf der Strecke bleibt.

Noch kleiner konnte nach Schnickschnack der Unterschurke nicht mehr werden, also machte man ihn größer und näherte ihn damit wieder Tee-Hee an, der riesenwüchsigen einarmigen schwarzen Glatze mit der fiesen Lache aus *Leben und sterben lassen*. Richard Kiel wurde engagiert, ein zwei Meter und noch was großer Kerl mit Händen wie Baggerschaufeln. Kiel hatte schon in einem Film mit Gene Wilder 1976 einen hünenhaften Killer gespielt. In *Der Spion, der mich liebte* spielte er den »Beißer« (im Original »Jaws« wie der gleichnamige Film von Steven Spielberg). Er erwies sich als solcher Erfolg, daß er auch gleich für *Moonraker* verpflichtet wurde. Der Beißer war nicht richtig böse. Im Gegenteil, am Ende von *Moonraker* befreit er Bonds Space-shuttle mit seiner Riesenkraft aus den verbogenen Halterungen, die einen Start verhindern, und treibt zusammen mit seiner kleinen blonden Freundin in einer Rettungskapsel im All davon.

So muß er nicht auch noch bei *Octopussy* mitmachen, in dem es eine Vielzahl mittlerer Schurken gibt. Der interessanteste dürfte ein namenloser Inder sein, der mit seinem Jojo tötet. Der Unterschied zum gleichnamigen Kinderspielzeug: am Ende der Schnur rotiert rasend schnell das Blatt einer Kreissäge.

Da Blofeld oft aus dem Hintergrund wirkt, wächst seinen Unterschurken nicht selten die Rolle des Hauptgegners zu. Einer von ihnen ist Emilio Largo in dem Buch *Feuerball*. Im gleichnamigen Film stellt ihn Adolfo Celi (*1922) dar, im Remake *Sag niemals nie* Klaus Maria Brandauer.

Als Verbrecher Emilio Largo wirkt Celi auf eine sehr direkte Art, gefährlich allein durch seine robuste maskuline Physis und die Augenklappe. Er ergötzt sich daran, wenn Menschen von Haien gefressen werden, und legt schon mal persönlich Hand an, wenn eine schöne Frau gefoltert wird. Celi ist der Typ des bösen Übervaters, Brandauer spielt eher den mißratenen großen Bruder. Er macht den Largo, der jetzt mit Vornamen Maximilian heißt, zu einem unberechenbaren Psychopathen. Seine hektische Gestik zeugt von einem brodelnden Innenleben, doch seine Bösartigkeit verbirgt sich in der Regel unter schleimig-höflichem Wiener Kaffeehaus-Charme, mit einem kleinen Schlagobers Mephistopheles dabei. Brandauer quält niemanden direkt, sondern flüchtet in eruptive Ersatzhandlungen: Als er einsehen muß, Domino verloren zu haben, demoliert er ihren Ballettsaal, ihr selbst tut er nichts. Seine Rache ist gleichwohl gemeiner und subtiler, als es Folter sein könnte: Er verkauft das Mädchen wie auf dem Sklavenmarkt an lüsterne Araber. Auch Bond wirft er lieber angekettet, bei lebendigem Leibe den Geiern zum Abendessen vor, als selbst Hand an ihn zu legen. Nebenbei ist dieser Maximilian Largo der erste Schurke in einem Bond-Film, der für seine Großverbrechen harte Organisationsarbeit verrichtet; jedenfalls ist er häufig mit Lesebrille auf der Nase beim Studieren von Computer-Printouts zu sehen. »Einen prachtvollen *villain,* vielleicht den charismatischsten seit *Goldfinger«,* nennt ihn der James-Bond-Comic-Autor Mike Grell zu Recht.

Viele andere Unterschurken sind rasch vergessen: Milton Krest etwa, ein blasser Typ aus *Lizenz zu töten,* der in einer Druckkammer buchstäblich zerplatzt, oder Dario, den im selben Film ein Schredderwerk, bei den Füßen beginnend, frikassiert. Im Gedächtnis haften bleiben dagegen oft die weiblichen Unterschurken wie die Motorradlady Luciana Paluzzi (*1939) als Fiona Volpe aus *Feuerball* oder Barbara Carrera als Fatima Blush in *Sag niemals nie.* Carrera, bereits durch ihre Rolle als Dr. Charlotte Bennett in der Mickey-Spillane-Verfilmung *I, the Jury* (1981, dt. *Ich, der Richter)* als gefährliche Frau ausgewiesen und hier hinreißend auf »Denver-Biest« Joan Collins getrimmt, läßt in jeder Szene erkennen, wieviel Spaß ihr der raffinierte, formvollendete Homizid macht.

Den Höhepunkt weiblicher Schurkerei aber stellt in *Liebesgrüße aus Moskau* Brecht-Interpretin Lotte Lenya

(1898–1981) als Rosa Klebb dar. Neben Daniela Bianchi (*1942) als Tatjana Romanowa nimmt sie sich, rothaarig, sadistisch und latent lesbisch, frei nach Conan Doyle wie eine »Kröte neben einer Taube« aus. Es wirkt auf klassische Weise niederträchtig, wenn sie mit vergifteten Dornen, die aus den Spitzen ihrer unförmigen Altweiberschuhe springen, ihre Mitmenschen unters Knie tritt. Ihr Ende ist leider unverdient einfallslos: Tatjana erschießt sie nach einer schlecht inszenierten Rangelei mit Bond. Wenn Bond ihr wenigstens einen Tisch hingehalten hätte: Während sie noch versucht, den Dorn aus der Tischplatte zu ziehen, hätte Bond sie schon – samt Tisch natürlich – durch die geschlossene Balkontür aus dem fünfzehnten Stock ins Freie schieben müssen: Guten Flug, Madame! Barbara Carrera wird immerhin von einem Desintegrationsgeschoß getroffen, so daß nur noch zwei qualmende Pumps von ihr übrigbleiben. Lotte Lenyas Abgang ist nicht nur vergleichsweise schlicht, sondern überhaupt bedauerlich – man hätte sie gerne als Mrs. Goldfinger im nächsten Film wiedergesehen.

Die James-Bond-Filme

Der lange Weg: Vom Fernsehflop zum Kinohit

Ian Fleming verkaufte für 6000 Dollar die Filmrechte an seinem Roman-Erstling *Casino Royale* an den aus Rußland stammenden Hollywood-Schauspieler und Impressario Gregory Ratoff (1897–1961). Ratoff veranlaßte die erste Verfilmung, und am 21. Oktober 1954 erlebte James Bond im amerikanischen Fernsehen sein Filmdebüt.

Doch *Casino Royale* löste kein großes Echos aus und führte schon gar nicht zu einer Serie. Die Drehbücher zu der geplanten Fernsehreihe *James Bond, Secret Agent* versanken sang- und klanglos in der Versenkung. Immerhin schuf Fleming aus ihnen acht James-Bond-Erzählungen.

Anfang der sechziger Jahre dann nahmen sich der 1915 im kanadischen St. John, New Brunswick geborene Harry Saltzman und der 1909 auf Long Island geborene Albert R. Broccoli der Story an. »Cubby« Broccoli führt im Familienwappen tatsächlich die gleichnamige Edelvegetabilie, die angeblich ein italienischer Vorfahr des Filmproduzenten nach Nordamerika eingeschleppt haben soll.

Broccoli und Saltzman realisierten 1962 für eine Million Dollar *Dr. No.* Damit initiierten sie eine der erfolgreichsten Film-Serien der Kinogeschichte, die bis 1993 ingesamt siebzehn beziehungsweise – wenn man die nicht von EON produzierten Filme *Casino Royale* (1967) und *Sag niemals nie* (1982) mitzählt – sogar neunzehn Folgen umfaßt. Die Filme lösten eine regelrechte »Bonditis« aus. In Italien erhielt James Bond den Spitznamen »Mr. Kiss-kiss-bäng-bäng«, und weltweit braucht fortan nur irgendeiner Zahl eine Doppelnull vorangestellt zu werden, schon ist die geheimdienstliche Anspielung klar, so zum Beispiel in der platten österreichischen Gaudiklamotte *Nullnullsex am Wolfgangsee* (1966) mit Paul Löwinger als spionierendem Hoteldiener.

Zu den ehernen Serienregeln gehörte es von Beginn an, daß ein Bond-Darsteller Untertan Ihrer Majestät sein muß, also Brite, Australier oder allenfalls Anglokanadier, keinesfalls aber Amerikaner. Und auf noch etwas legte man vom ersten Meter belichteten Zelluloides an Wert: kein Mist. Im Buch *Dr. No* besteht dieser Mist aus Guano, das auf Dr. Nos Eiland Crab Key gewonnen wird; Bond begräbt seinen Widersacher zum Schluß unter einer Baggerladung dieses würzigen Stoffes. Da ein Misthaufen nur schwer zu einer filmwirksamen Explosion zu bringen ist, ersetzt man Flemings ärmlichen Haufen lieber gleich durch eine Atomanlage. Darunter ging fortan nichts mehr, mit weniger als der Rettung zumindest der westlichen Welt kann man einen James Bond 007 nicht betrauen. Ferner wurde im Film das von Fleming erfundene Personal aufgestockt. Der glücklose Professor Dent in *Dr. No* bildete den Anfang.

Dr. No war dennoch eine fast werkgetreue Literaturverfilmung und meilenweit vom Perfektionismus der späteren, gigantomanischen Produktionen entfernt. Nicht besonders gut verschleierte Rückprojektionen bei Fahrszenen waren gang und gäbe, und als Ursula Andress, genannt »Ursula Undressed« vom radioaktiv verseuchten Schlamm Grab Keys gereinigt, aus einer Dekontaminationsdusche tritt, ist sie keineswegs, wie die Szene suggeriert, nackt. Während sie in einen Bademantel schlüpft, ist für Bruchteile von Sekunden der schwarze Body zu sehen, den sie trägt. Das hat entweder niemand bemerkt oder niemanden gestört. Solche Pannen kommen später nicht mehr vor.

Während *Dr. No* noch die Einheit des Ortes wahrt, spielt schon der nächste Film *Liebesgrüße aus Moskau* auf mehreren Kontinenten, unter anderem in London und auf dem Balkan. Das wird in der Folge Standard: zwei Erdteile als Schauplätze sind das Minimum in jedem Streifen, und von der thailändischen Trauminsel Phuket, dem Drehort von *Der Mann mit dem goldenen Colt,* entführt es den Agenten schließlich sogar ins All.

Den Ausdruck »Schauplatz« kann man wörtlich verstehen: Es werden die schönsten Flecken auf der Erde ausgewählt. Sie sind beeindruckend anzuschauen, und darüber hinaus wird eine Riesenschau abgezogen, die Filme sind regelrechte »Schau-Spiele«, und je weiter die Serie voranschritt, desto mehr Geld gaben Broccoli und Saltzman aus, desto mehr Piloten, Skifahrer, Taucher, Kaskadeure und Table-top-Fotografen beschäftigten sie.

Die Reihenfolge der Bond-Filme entspricht nicht der der Romane. Der erste Film, *Dr. No.,* basiert auf dem sechsten Roman Flemings, der zweite, *Liebesgrüße aus Moskau,* auf dem fünften, *Goldfinger* auf dem siebten und *Feuerball* auf dem achten. Ein Auswahlkriterium ist nicht zu erkennen. Die bei Fleming sehr wohl vorhandene »Lebensgeschichte« der Titelfigur entfällt im Film, sieht man einmal von der sporadischen Erwähnung der kurzen Ehe ab. Der Film-Bond hat keine Autobiographie, er beginnt jedes Abenteuer wieder neu und von vorn – ein Sisyphos des Atomzeitalters. Für formale und inhaltliche Kontinuität sorgt EON Productions auf andere Weise: Jede Bond-Folge beginnt mit dem Blick durch den Pistolenlauf auf den jeweiligen Hauptdarsteller. Danach erfolgt die berühmte Vortitel-Sequenz, eine furiose Fingerübung, die mit der Haupthandlung inhaltlich nichts oder fast nichts zu tun hat.

Die Vortitel-Sequenzen

Die Idee zu den Vortitel-Sequenzen dürfte auf den Roman *Goldfinger* zurückgehen. Bevor sich hier Bond der Titelfigur und der eigentlichen Geschichte zuwendet, tötet er in Caracas einen Drogendealer.

Im Film wäre das im Vorspann Gezeigte üblicherweise der finale Höhepunkt. Nicht so bei Bond. Hier wird dem staunenden Publikum großzügig ein sensationelles Appetithäppchen als Anreißer vorgesetzt, so als wollten die Hersteller sagen: »Schaut's euch an, wir haben noch mehr!«

In *Dr. No* dient noch der Anfang des Romans als Präludium: Auf Jamaica verläßt Strangways, der Vertreter des britischen Geheimdienstes Secret Service, seinen Stammtisch unter dem üblichen Vorwand, den Anruf seines Chefs entgegennehmen zu müssen. Beim Besteigen seines Wagens wird er von drei als blinde Bettler getarnten Farbigen niedergeschossen und in einem Kombi fortgeschafft. Währenddessen bereitet Strangways Sekretärin den allabendlichen Routine-Funkspruch nach London vor. Gerade steht die Leitung, da wird auch sie von dem mörderischen Trio erschossen. Einer der drei stiehlt Ordner mit den Aufschriften »Dr. No« und »Grab Key« aus dem Aktenschrank. Das Ausbleiben der Routinemeldung versetzt London in höchste Alarmbereitschaft, und Nullnullsieben wird vom Spieltisch weg zu M gerufen.

Für *Liebesgrüße aus Moskau* wurde dann schon bei Fleming nicht Vorhandenes hinzuerfunden: In einem Schloßpark verfolgt ein blonder Killer, den das Publikum nachher als Donald Grant kennenlernen wird, einen Mann, der wie James Bond aussieht, und erwürgt ihn mit einem aus der Armbanduhr gezogenen Metallfaden. In diesem Moment flattern überall Scheinwerfer auf, und Männer mit Stoppuhren erscheinen; Morzenny, ein unsympathischer Glatzkopf (Walter Gotell, später der General Gogol), lobt

Schnelligkeit und Präzision des Mörders, und so entpuppt sich das Ganze als eine Übung unter realistischen Bedingungen, bei der der Tod eines Mannes bewußt in Kauf genommen wird. Der Getötete ist jedoch nicht James Bond, er trägt nur eine täuschend echt wirkende Latex-Maske. Als man sie abnimmt, kommt das Gesicht eines völlig Fremden zum Vorschein.

Die Idee mit dem Test unter Gefechtsbedingungen war so gut, daß man sie in *Der Mann mit dem goldenen Colt* wiederholte: Schnickschnack, der kleinwüchsige Butler von Scaramanga (Christopher Lee) versteckt – in dessen Auftrag, wohlgemerkt – die Pistole seines Herrn. Schnickschnack hat einen Berufskiller engagiert, der in einem vom Nebenzimmer aus gesteuerten Spiegelkabinett mit allerlei Jahrmarktsillusionen ein Duell mit Scaramanga austragen muß. Natürlich geht dieser als Sieger daraus hervor – Bond ist ja vorläufig nur als Pappkamerad und Schießbudenfigur zu sehen.

In *Sag niemals nie* befreit James Bond im Alleingang in einem südamerikanischen Dschungelstaat eine Geisel – rabiat, mit Handgranaten, Maschinenpistolen, unter Einsatz seiner Fäuste und seines Kopfes – er macht einen Angreifer nieder, indem er ihm die Stirn ins Gesicht rammt. Nachdem er ganz zum Schluß die Sache noch durch eine Unaufmerksamkeit verpatzt, erweist sich alles als bloße Übung.

Mit dem Hauptdarsteller Roger Moore wurden die *Vortitel* mit immer irrwitzigeren Stunts aufgezogen. *Octopussy* hebt mit folgendem Horsd'œuvre an, einer Verkleidungsposse:

James Bond – in der Uniform einer lateinamerikanischen Militärdiktatur, ausgestattet mit Schurrbart und dem Ausweis eines Obersten namens Torro – fährt in einem Land, das Kuba sein könnte, in einem Geländewagen mit Anhänger zum Pferderennen. Im Anhänger befindet sich offenkundig ein Pferd – Hinterteil und Schwanz schauen heraus. Er läßt das Fahrzeug auf dem Rennplatz zurück, schleicht auf einen nahe liegenden Fliegerhorst und befestigt eine Haftmine an einem Spionageflugzeug. Dabei wird er von dem wahren Oberst Torro festgenommen, die Haftmine entdeckt. Unter der Bewachung zweier Fallschirmjäger bringt man ihn auf der Ladefläche eines Lkw zur *interrogación*, zum Verhör. Bianca, eine schwarzhaarige Schönheit, mit der Bond zusammenarbeitet, beobachtet die Festnahme und folgt dem Lastwagen in einem offenen Cabrio. Durch kesse Präsentation ihrer nicht unbeträchtlichen Reize lenkt sie die Bewacher ab. Kurzentschlossen zieht Bond an den Reißleinen ihrer Fallschirme, und der Fahrtwind reißt die Soldaten von der Ladefläche. Bond springt mit einem erbeuteten Gewehr in Biancas Cabrio hinüber und schießt in die Reifen des Lkw. Der Anhänger, zu dem er zurückgekehrt ist, enthält mitnichten ein Tier, sondern einen Minijet. Damit erhebt er sich sofort in Richtung Miami in die Lüfte. Man jagt ihm eine thermosensorisch gesteuerte Rakete hinterher. Nach zahlreichen waghalsigen, aber vergeblichen Versuchen, sie abzuschütteln, bleibt schließlich als einziger Ausweg nur noch der Flug durch den Hangar des Fliegerhorstes, wo Soldaten eifrig bemüht sind, das Vorder- und das Hintertor zu schließen. Durch ersteres kommt Bond noch problemlos in waagrechter Linie hindurch, zum Durchqueren des letzteren muß er sein Flugzeug schon um 90 Grad drehen. Hochkant, mit einem senkrecht nach oben und einem senkrecht nach unten ragenden Flügel und immer noch die Rakete im Rücken, passiert er das Tor gerade noch, bevor es sich ganz schließt. Die Rakete kommt noch in den Hangar hinein, aber nicht mehr heraus – keine Haftmine hätte die Explosion verursachen können, die nun folgt. Auf dem Rückweg nach Miami geht 007 der Treibstoff aus. Die Tragflächen hochgeklappt, rollt er an einer Tankstelle aus. Mit freundlichem Lächeln bittet er den uralten, höchst verblüfften Tankwart, vollzutanken ...

Einer der Höhepunkte dürfte der Prologfilm von *Im Angesicht des Todes* sein. Willy Bogner, Ski-As, Stuntman und Kameramann in einem, hat hier Phänomenales geleistet: Von Rotarmisten auf Skiern und in einem Hubschrauber verfolgt, birgt James Bond in Sibirien einen Mikrochip aus dem Schneeanzug der Leiche von 003. Von den Rotarmisten überrascht, muß er den Rückzug antreten; zuerst springt er in einen engen Schneeschacht, von da geht es zunächst noch auf zwei Skiern weiter. Nach einem ersten Beschluß aus Kalaschnikow-Maschinenpistolen muß 007 seine Flucht auf einem einzigen Ski fortsetzen. Er erobert ein Schneemobil, indem er, sich von hinten an den Fahrer heranarbeitend, diesem ein Seil am Gürtel festhakt. Das andere Ende des Seils ist in einer Eisspalte eingeklinkt. Als das Seil sich plötzlich strafft, reißt es den Mann aus dem Sattel, und er findet sich unversehens über einem Abgrund pendelnd wieder; Bond rast derweil auf dem Schneemobil davon. Es wird jedoch schnell vom Hubschrauber aus in die Luft gesprengt – 007 ist rechtzeitig in den Schnee gesprungen. Auf einem Karosserieteil, das der Zufall genau neben ihn im Schnee niedergehen läßt, surft er nun zum Lied »Surfin' USA« von den Beach Boys weiter – fast senkrechte Abhänge hinunter, Klüfte überspringend und sogar über Wasser. Von den Verfolgern kann keiner mithalten, sie stürzen ab oder gehen unter. Schließlich entledigt sich Bond noch des Hubschraubers durch eine rote Farbpatrone, die er in die offene Kanzel schießt; vom roten Rauch umnebelt, sieht der Pilot nichts mehr, und der Helikopter zerschellt an einem Eisberg. Aus der Ferne müssen die anderen Rotarmisten mit ansehen, wie Bond ein als Eisberg getarntes U-Boot besteigt und davonfährt.

Das Prinzip des »Schneller, höher, tiefer!« wird in allen Anfangssequenzen der James-Bond-Filme weiter variiert und gesteigert. Der Filmschluß dagegen bietet nur wenig Überraschungen. Nachdem der Schurke erledigt ist, fallen sich Bond und weibliche Hauptperson in die Arme, heimlich beim Liebesspiel beobachtet von Q oder gar, via Sattellitenschaltung über Monitore, von Downingstreet Number Ten aus: selbst das Sexualleben des Jungen wird überwacht.

Die Titel

Nach dem Vortitel folgen die in den EON-Produktionen von Maurice Binder gestalteten Titel: erotische Filmclips, zu denen der von Weltstars wie Tom Jones, Lulu, Paul McCartney oder Louis Armstrong gesungene Titelsong erklingt und zu denen eine Kurzfassung der *cast list* abläuft. Diese Clips zeigen vornehmlich Frauen beim Tanzen, Schwimmen oder Skifahren; die Nacktheit des Modells läßt sich erahnen, Details werden jedoch von Schrift, ornamental fotografierten Wasseroberflächen oder Feuerwerken verdeckt. Hinzu tritt nicht selten eine als 007 erahnbare Schattengestalt, die sich mit ihrem Revolver in deutlich phallischer Symbolik in Pose setzt.

Binder verwendet als besondere Ingredienzen gern die neuesten Modegags, zum Beispiel Disco-Schminke, die in Neonfarben erstrahlt, wenn sie angeleuchtet wird, oder lichtleitende Glasfasern, die bunte Lichtsträuße zaubern. Lange bevor Steven Spielbergs Firma »Light and Magic« so etwas machte, ließ er ein Titel-Mädchen vom Computer zu Eis erstarren.

Erst wenn diese ästhetisch wirkungsvollen Licht- und Schattenspiele vorüber sind, beginnt die eigentliche Filmhandlung, in der die Auftritte der Titelfigur von Monty Normans James-Bond-Thema im Arrangement von John Barry untermalt werden. Unter den elektrisierenden Klängen dieses Themas meldet sich der jeweilige Hauptdarsteller mit der lässig-nachlässig hingelegten Formel »Mein Name ist Bond. James Bond.«

Die James-Bond-Darsteller

Die Nullnummer: Barry Nelson

Der Mann, der 1954 in *Casino Royale* die Ehre hatte, als der allererste James Bond, sozusagen als die Nullnummer von Nullnullsieben, aufzutreten, war: Barry Nelson. Nelson, 1920 in Oakland, Kalifornien, geboren, war der einzige Amerikaner, der den Untertan Seiner Majestät spielen durfte. *The Filmgoer's Companion* beschreibt ihn als »stämmigen *leading man,* der seine Filme zwischen zwei Bühnenshows dreht«. Im deutschen Fernsehen ist Nelson bekannt geworden als noch immer gutaussehender älterer Herr mit vollem weißem Haar in der Folge *Freunde in der Not* aus der Serie *Mord ist ihr Hobby* und, neben Tom Sellek und Larry Penell, als Filmproduzent Knox in der *Magnum*-Folge *Ein Double für das Opfer.*

Casino Royale war, wie gesagt, kein großer Erfolg, und auch Barry Nelson als 007 ist wenig mitreißend. Sein Benehmen wirkt steif, fast hölzern, und weder im Umgang mit seinen Gegnern noch mit Frauen kann er jenen hinreißend lässigen Charme entwickeln, dem alle Fans der späteren Bond-Filme mit Sean Connery erliegen.

Bond at his best: Sean Connery

Der 1929 in Edinburgh, Schottland, geborene Sean Connery gilt als der James Bond schlechthin. Angeblich sollen etliche berühmte Schauspieler die Rolle des James Bond abgelehnt haben, darunter Richard Burton. Betrachtet man jedoch das bereits erwähnte reale Vorbild für die Figur Bond, Ian Flemings alten Freund Ivar Bryce, wird klar, warum Sean Connery die ideale Besetzung war: Er sah als junger Mann dem jungen Bryce ungeheuer ähnlich.

Thomas Connery, genannt Sean, hatte sich in vielen Berufen versucht, unter anderem als Milchwagenfahrer und Sargpolierer. Aus der Marine hatte man ihn wegen Magengeschwüren als untauglich entlassen. Auf seinem Unterarm, in *Dr. No* und *Sag niemals nie* besonders gut zu erkennen, trägt er eine patriotische Tätowierung. Zur Schauspielerei fand Connery über eine Rolle in dem Musical *South Pacific*. Er galt schnell als schwierig, weil er sich bei der Auswahl der Drehbücher wählerisch erwies.

Sean Connery trat in sieben Bond-Filmen auf: *Dr. No, Liebesgrüße aus Moskau, Goldfinger, Feuerball, Man lebt nur zweimal, Diamantenfieber* sowie, nach fast fünfzehnjähriger Pause, in *Sag niemals nie,* einem Remake von *Feuerball.* Den ironischen Titel soll er selbst erfunden haben in Anspielung auf seine Weigerung nach *Diamantenfieber,* die Rolle weiterzuspielen. Er verkörperte den Bond anfangs mit großer Verve, bekam ihn dann aber allmählich satt. In *Feuerball* ist er auf der Höhe seiner Spielfreude, in *Man lebt nur zweimal* spürt man förmlich seinen Widerwillen, doch nach George Lazenbys verhalten aufgenommenem Zwischenspiel ließ er sich noch einmal für viel Geld in *Diamantenfieber* auf die Leinwand zurücklocken. Wie er darin nackt vor Tiffany Case (Jill St. John) tritt, wird es offenbar: mit soviel Bauchspeck läßt sich die Rolle nur noch parodistisch interpretieren. *Diamantenfieber* mit seinen überdrehten, für den Fortgang der Handlung völlig überflüssigen Gags, wie sinnlose Verfolgungsjagden und Blofeld-Doppelgängern, und mit seinen von einem zusätzlichen Dialogautor verfaßten coolen Sprüchen stellt bereits den Übergang zu der Comicfigur dar, die Roger Moore aus dem Agenten machte.

Doch bis dahin war Sean Connery der ideale Held: souverän, männlich, schön. Schon seine Körperbehaarung signalisiert erotische Aggressivität und physische Bedrohlichkeit – ganz im Gegensatz zu dem glatthäutigen Moore. Connerys James Bond steht vor allem zu Anfang auf dem Standpunkt, daß Angriff die beste Verteidigung ist. Ob zu Lande, zu Wasser, in der Luft, immer bewegt er sich auf seine Gegner zu. Kaum zu zählen sind seine Attacken auf gegnerische Schlupfwinkel oder Schiffe, seine Nahkämpfe verlaufen hart, direkt und ohne Berührungsängste ab. Connery zeigt Bond als einen Mann, der keine Scheu hat, »sich die Hände schmutzig zu machen«, der »zur Sache geht«.

Kein Zweifel: Diesem 007 macht das Töten wenn nicht Spaß, so doch kaum etwas aus. In *Dr. No* erschießt er kaltblütig Professor Dent, von dem er weiß, daß er seine Pistole bereits leergeschossen hat, und jagt dem schon am Boden Liegenden noch eine weitere Kugel in den Leib. Unvergeßlich sind auch der verzweifelte Kampf gegen den überlegen scheinenden Killer Red Grant in *Liebesgrüße aus Moskau* oder gegen den glänzend trainierten Koreaner Oddjob in *Goldfinger:* Fights, die Bond das Äußerste des physisch Möglichen abverlangen. Noch in *Diamantenfieber* trägt Connery in einem Fahrstuhl einen brutalen Zweikampf aus. Als sein Gegner schließlich im Treppenhaus zu Tode gestürzt ist, antwortet Bond auf die Frage, ob der Mann denn tot sei, ganz cool, das wolle er doch wohl hoffen.

In den ersten Filmen werden, verglichen mit den späteren, Spezialeffekte, Superwaffen und Wunderfahrzeuge noch sparsam eingesetzt: Im Vordergrund steht der Kampf Mann gegen Mann. Das futuristische Element in *Dr. No* ist ein als Drache verkleideter Panzer und ein mit Atomanlagen vollgestellter Unterschlupf. Typisches Bond-Spielzeug benutzt Sean Connery dann in *Liebesgrüße aus Moskau,* so den legendären Koffer mit den Geheimfächern und der eingebauten Rauchbombe. In *Goldfinger* geht es mit dem

Aston Martin DG 5 richtig in die vollen. Höhepunkt ist die Szene, in der der unerwünschte Beifahrer per Knopfdruck durchs Dach katapultiert wird. Der Wagen endet kurz danach an einer Mauer, ist aber bis *Feuerball* wieder repariert. Zu Beginn dieses Films benutzt 007 einen Raketenrucksack, und ein ausgewachsener »Vulkan«-Bomber wird ins flache Meer versenkt. Über die phantastischste Technik allerdings verfügt in diesem Film der Gegner: die Luxusyacht »Disco volante«. Ihre Pontonbrücke läßt sich abkuppeln, so daß ein Rennboot übrigbleibt. Bond selbst benutzt eine radioaktive Pille, die sein jederzeitiges Aufspüren ermöglicht, sowie ein Sauerstoffgerät von der Größe eines Füllfederhalters.

Aus dem Wasser ging es in *Man lebt nur zweimal* in die Luft, und zwar mit einem in vier handliche Koffer verpackten Mini-Hubschrauber namens »Little Nelly«. Dafür beschränkt sich 007 im Rest des Films auf eine explosive Zigarette und ein elektronisches Hilfsmittel zum Safeknakken, wie er es ähnlich auch in *Moonraker* und *Im Angesicht des Todes* verwendet. In *Diamantenfieber* kommt – lange vor Batman – eine Pistole zum Verschießen von Kletterseilen sowie ein Gerät zur Stimmenimitation zum Einsatz.

Connery macht Bond zu einem Meister der Improvisation: In *Goldfinger* bringt er einen Bösewicht, den er gerade in eine gefüllte Badewanne geprügelt hat, um, indem er ihm eine angeschlossene elektrische Lampe nachwirft. Nochmals des Starkstroms bedient er sich im Haupttresor von Fort Knox, wo Oddjob dummerweise sein metallener Hut in einem Gitter steckenbleibt; als der Koreaner danach greift, röstet Bond ihm die Finger, indem er das Gitter mit einem durchtrennten Kabel verbindet. In *Diamantenfieber* kehrt er die Waffen der Angreifer Wint und Kidd, brennende Schaschlikspieße und eine Bombe, kurzerhand und geschickt gegen diese selbst; der eine wird flambiert, den anderen zerreißt es.

In seinem wirklich allerletzten – und nicht von EON produzierten – Auftritt als 007, in *Sag niemals nie,* geht Connery hart an die Grenze zur Parodie, so ausdauernd wird die Erwartung des Zuschauers irregeführt. So sieht man eine Großaufnahme von Bond, mit einer Blondine im Arm, und die Körper der beiden wiegen gleichmäßig hin und her. Erst als die Frau Bond brutal herumreißt, wird klar, daß die beiden nicht in ein Liebesspiel verwickelt sind, sondern eine Chiropraktikerin Bonds ramponierte Wirbelsäule einrenkt. Ein andermal interessiert sich der Geheimagent in Qs Laboratorium für ein merkwürdiges Ding von der Größe eines Lippenstiftes. Q erklärt umständlich die Handhabung, und da erst zeigt sich, daß es keine Geheimwaffe ist, sondern ein Inhalierstift, mit dem der Geheimdienst-Düsentrieb seine chronische Stirnhöhlenvereiterung in den Griff zu bekommen versucht. In *Sag niemals nie* werden noch andere Schwächen Bonds offenbar: In einem Koffer mit Geheimfächern hütet er sorgsam Beluga-Kaviar und andere zum Unterlaufen der strengen Diätvorschriften vorsorglich mitgebrachte verbotene Köstlichkeiten.

Bond ist hier eher Grandseigneur und listenreicher Odysseus denn schlagkräftiger Killer. Den Rausschmeißer im Casino von Nizza stellt er in einer Besenkammer ab und drückt ihm eine Minibombe in die Hand, mit dem Hinweis, ein Kreiselkompaß würde bei der geringsten Bewegung eine Explosion auslösen. Später holt er die angebliche Bombe wieder ab. Es haut den Mann glatt um, als er sieht, daß er so ausdauernd nichts anderes als Bonds Zigarettenetui festgehalten hat. Als Meister eines ganz anderen Spiels erweist er sich beim ersten Schlagabtausch mit Largo: er besiegt ihn in einem holographischen Videospiel.

Steven Spielberg, der offensichtlich gar zu gern einmal einen James-Bond-Film gedreht hätte, bürstet in *Indiana Jones III – The Last Cruisade (dt. Der letzte Kreuzzug)* das

Bond-Image vergnügt gegen den Strich: Sean Connery spielt listig-verschmitzt Indiana Jones' Vater. Als er mit seinem Sohn vor der Luftwaffe der Nazis fliehen muß, rasiert er mit einem MG die Heckruder des eigenen Flugzeugs ab. Durchschlagender sind seine ganz eigenen Waffen gegen feindliche Flugzeuge: mit einem Schirm scheucht er Vögel auf, die den Angreifer zum Absturz bringen.

Der Slogan »Sean Connery *ist* James Bond«, mit dem seinerzeit für die 007-Filme geworben wurde, hat auch heute noch für viele Gültigkeit, obwohl Connery die Rolle seit über zehn Jahren nicht mehr spielt. Doch er war so ein idealer Bond, daß jeder wußte, wer gemeint war, als im Oktober 1993 die Bild-Zeitung eine Erkrankung des Schauspielers mit der Schlagzeile »James Bond: Kehlkopfkrebs!« verkündigte.

Die Zwischenlösung: George Lazenby

Man lebt nur zweimal war 1967 der letzte James-Bond-Film, den EON Productions mit Sean Connery drehte. Im gleichen Jahr produzierten Famous Artists *Casino Royale* mit David Niven als altem klapprigem 007. Nach dieser Parodie wollte EON wieder mit einem »richtigen« Bond aufwarten: jung, männlich, stark und schön.

Der 1939 geborene Australier George Lazenby ist zehn Jahre jünger als Sean Connery und begann seine Karriere als Dressman und Kleindarsteller in Werbespots. In einem offensichtlich desparaten Augenblick engagierte ihn Albert R. Broccoli – einmal und nie wieder. Noch während der Dreharbeiten zu *Im Geheimdienst Ihrer Majestät* verkrachten sich Produzent und Hauptdarsteller, und der Film stand so von Anfang an unter keinem guten Stern.

Dennoch ist *Im Geheimdienst Ihrer Majestät* nicht schlechter als andere Bond-Filme davor oder danach. Nur

Lazenby wirkt, als sei er in den falschen Film geraten. Es war vermutlich ein Fehler, ihn nahtlos in ein bewährtes Konzept einzufügen: Der neue Mann spielte die Hauptrolle in einem Film, dessen Drehbuch Connery auf den Leib geschneidert war. Daran wäre wohl selbst ein Roger Moore gescheitert. Doch beim Übergang der Rolle auf ihn vermied man diesen Fehler und krempelte das Serienkonzept vollständig um.

Auf der Flucht zwischen Meeresgrund und Milchstraße: Roger Moore

Roger Moore und Sean Connery halten zusammen den Bond-Rekord: Sie spielten beide siebenmal die Rolle. Moore sogar in ununterbrochener Folge, und zwar in *Leben und sterben lassen, Der Mann mit dem goldenen Colt, Der Spion, der mich liebte, Moonraker – streng geheim, In tödlicher Mission, Octopussy* und *Im Angesicht des Todes.*

Roger Moore, 1927 in einem Vorort von London geboren, wurde 1957 bekannt als TV-Ivanhoe, spielte 1961 in der US-Westernserie *Maverick* und später an der Seite von Tony Curtis in *The Persuaders* (dt. *Die Zwei*). Die Serie war in Großbritannien ein Flop, in Deutschland jedoch ein Riesenerfolg, da ihr durch die Blödelsynchronisation von Rainer Brandt im Original nicht angelegte Qualitäten zuwuchsen (»Zum Bleistift, Euer Merkwürden?«; »Na, Donniwetti, sag ich da doch glatt!«).

Roger Moore soll bereits für die Hauptrolle in *Dr. No* im Gespräch gewesen sein, aber abgelehnt haben, da er gerade für die Fernsehserie *The Saint* als Simon Templar engagiert worden war, die von 1963 bis 1968 lief.

Wenn Moore nicht James Bond darstellte, spielte er in aktionsgeladenen Thrillern wie *Wild Geese* (1977, dt. *Die Wildgänse kommen*) oder *North Sea Highjack* (1979, dt.

Ian Fleming, der Autor und Erfinder von James Bond

2   James Bond jagt *Dr. No* – und lehrt seinen Gegner das Fürchten und Fliegen. Szene mit Sean Connery

3   Lagebesprechung: M (Bernard Lee), James Bond (Sean Connery) und Q (Desmond Llewelyn) in *Liebesgrüße aus Moskau*

4 *Goldfinger* Gert Fröbe – ein sächselnder Sadist, der 007 schwer
zu schaffen macht

5/6 Zwei Klassiker: der berühmte Aston Martin DB 5 und die Rettungsinsel als Liebesnest. Sean Connery in *Feuerball*, unten mit Claudine Anger

7/8 Technik und Frauen – Geheimagent 007 beherrscht beides. Sean Connery in *Man lebt nur zweimal*

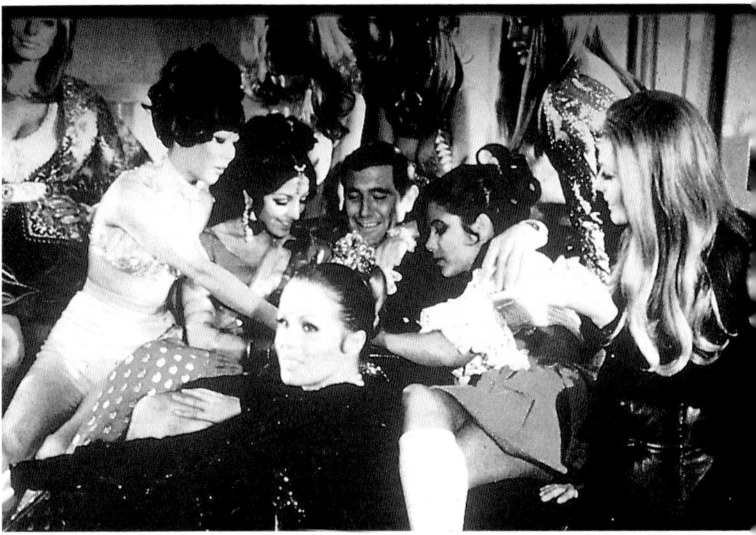

9 Schwach gemacht: George Lazenby als James Bond. Szene aus
Im Geheimdienst Ihrer Majestät

10 Bonds hartnäckigster Gegner: Ernst Stavro Blofeld. Telly Savalas
in dem Film *Im Geheimdienst Ihrer Majestät*

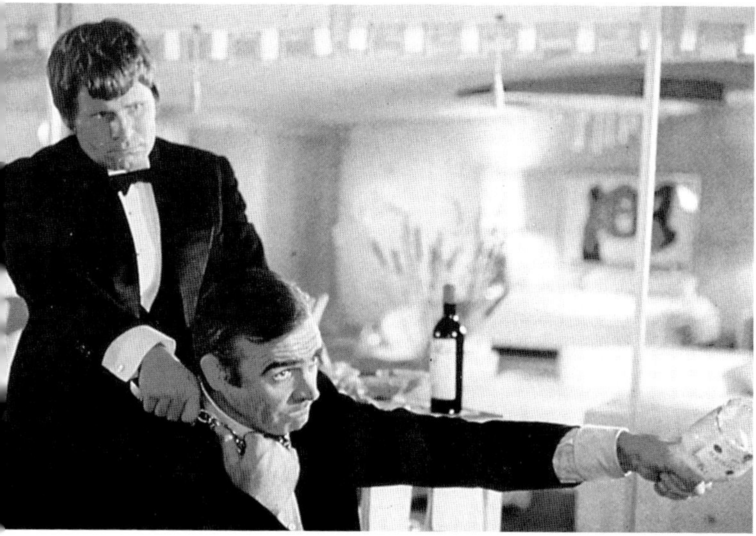

1/12 »Geschüttelt, nicht gerührt.« Bonds Rezept in allen Lebenslagen. Sean Connery in *Diamantenfieber,* oben mit Bruce Glover

13 *Leben und sterben lassen* – Roger Moore in seinem ersten
Bond-Film

14   Leibesvisitation à la James Bond. Roger Moore in *Der Mann mit dem goldenen Colt*

15 »Ein Königreich für
ein schnelles Auto.«
James Bond in der
ägyptischen Wüste
in dem Film *Der
Spion, der mich
liebte*

16 Der »Beißer« – ein
schwerer Brocken
für 007. Szene mit
Richard Keil in
*Moonraker – streng
geheim*

7 *Sag niemals nie:* Sean Connerys Comeback 1982

8 Kim Basinger und Klaus Maria Brandauer in *Sag niemals nie*

19 Auf wessen Rechnung geht das? Szene aus *Im Angesicht des Todes* mit Roger Moore

20 Bonds gefährlichster Widersacher in diesem Film: eine Frau (Grace Jones als May Day)

▼

21 Der Agent auf der Flucht mit Dame und Cello, Timothy Dalton
    als 007, Maryam D'Abo als Kara in dem Film *Der Hauch
    des Todes*

22 Ein neues Image für den Geheimagenten: Pierce Brosnan als
James Bond in *Goldeneye* wechselt nicht nur die Automarke.

23/24 Ein neuer Typ Frau: Famke Janssen und Izabella Scorupco räumen in *Goldeneye* mit dem Klischee vom stets willigen Bond-Mädchen auf.

25 Filmplakat von 1962 . . .

26 . . . und von 1987

Sprengkommando Atlantik), wo er einen Söldnerführer mit dem phantastischen Namen Rufus Excalibur Ffolkes verkörperte; in *The Cannonball Run* (1980, dt. *Auf dem Highway ist die Hölle los*) zehrt er unter eigenem Namen von nichts anderem als seinem Rollenmythos, doch der Rocker, dem er sich vorstellt, weiß offenbar mit seinem Namen nichts anzufangen und schlägt ihn respektlos k.o.

Sein erster Auftritt als 007 in *Leben und sterben lassen* bricht mit einer alten Tradition: Bond wird nicht in Ms Sanktuarium beordert, das er mit artiger Verneigung (»Sir! – Gentlemen!«) zu betreten pflegt. Die Sache ist diesmal so dringend, daß der alte Herr höchstpersönlich Bond mitten in der Nacht zu Hause aufsucht und aus dem Bett klingelt. Bond hat alle Hände voll zu tun, den Chef vom Betreten des Schlafzimmers abzuhalten, wo die spärlich bekleidete italienische Agentin Miss Caruso angstvoll die Entdeckung fürchtet. So wird gleich zu Beginn die Rolle neu definiert, und zwar in komödiantischem Sinne. In späteren Filmen stimmt die Hierarchie wieder; nach dem obligatorischen Flirt mit Moneypenny tritt 007 vor seinen Herrn. Einziges Privileg: er braucht nicht anzuklopfen.

In die Ära mit Roger Moore als Hauptdarsteller basieren die Filme nicht mehr auf einem Roman. Das Werk Ian Flemings wird zu einem Baukasten, dessen Steine man nach Belieben zusammensetzt. In seinem Buch *Leben und sterben lassen* etwa sah Fleming vor, daß Bond und Solitaire, von Mr. Big aneinandergefesselt, mit dem Motorboot über ein Korallenriff geschleppt werden. Die dabei erlittenen Wunden sollen, so der Plan des Verbrechers, Haie anlocken, die die beiden auffressen. Diese Szene sparten sich die Drehbuchautoren für den Film *In tödlicher Mission* auf; statt dessen kombinierten sie – zugegebenermaßen elegant – die Kurzgeschichten *Riskante Geschäfte* und *Für Sie persönlich*. Die Handlung von *Octopussy* basiert auf Flemings Erzählung *Property of a Lady* (dt. *Globus meistbietend zu versteigern*), die Story *Octopussy*, die den Titel lieferte, ließ man völlig unter den Tisch fallen. *Hauch des Todes* wurde ein Motiv der Kurzgeschichte *Duell mit doppeltem Einsatz* zugrunde gelegt. In *Lizenz zum Töten* schließlich wird Felix Leiter von einem Hai schwer verstümmelt. Auf dieses Motiv hatte man in *Leben und sterben lassen*, wo es bei Fleming erscheint, verzichtet; alles andere an diesem Film ist die Erfindung der Drehbuchschreiber. In *Moonraker* lassen sich noch Spuren des Romans wiederentdecken, dagegen hat *Im Angesicht des Todes* nur noch zufällig denselben Titel wie eine Kurzgeschichte von Ian Fleming, aber inhaltlich nichts mehr mit dieser gemein. Das gleiche gilt für den Film *Der Spion, der mich liebte*.

Aus diesem Grunde wurde es üblich, zur Rechtfertigung des Filmtitels diesen in irgendeine Stelle des Figurendialoges einzubauen. »For your eyes only«, sagt Carole Bouquet, als sie im Finale des gleichnamigen Films – der im Deutschen völlig verändert *In tödlicher Mission* heißt – sich nackt den Augen von James Bond präsentiert (und nicht etwa denen des Publikums wie in *Cet obscur object du desir* [1977, dt. *Dieses obskure Objekt der Begierde*] von Louis Buñuel). Für *Octopussy* wurde eine Frau dieses Namens in die Handlung eingebaut. *A View to Kill* wird wieder dialogisch begründet: May Day ruft beim Anblick der Golden Gate Bridge atemlos aus: »What a view!«, und Zorin (Christopher Walken) antwortet: »A view to kill!« In der deutschen Fassung geht die Anspielung verloren, hier murmelte er etwas von einer »Aussicht aufs große Geschäft«.

Markantestes inhaltliches Element der Mooreschen Bond-Filme ist die Flucht: Nichts gibt Moore lieber als Fersengeld, denn er ist kein starker Mann mehr. Er läuft oder fährt davon, wo Connery hingelaufen oder -gefahren ist. Wenn Bond je getroffen würde: Sean Connery träfe die Kugel in die Brust, Roger Moore in den Rücken. In *Leben und sterben lassen*, dem ersten Bond-Streifen Moores, reihen sich drei Verfolgungsjagden nahezu übergangslos aneinander. Zunächst flieht Bond in einem Doppeldecker-bus, der bei dieser Gelegenheit seiner oberen Etage verlustig geht, dann rast er in einem Sportflugzeug – immer am Boden bleibend – durch ein Flughafengelände, und schließlich versucht er Mr. Bigs Leuten in wechselnden Flachwasser-Rennbooten zu entkommen. Im nächsten Film, *Der Mann mit dem goldenen Colt*, verweigert 007 wieder den Kampf. Die Angehörigen einer fernöstlichen Kampfsportschule werden von zwei Schülerinnen mit Krawatte und Faltenröckchen zusammengeschlagen, Bond steht, mit einem mokanten Lächeln auf den Lippen, abseits. Es schließt sich wiederum eine Verfolgungsjagd in Motorbooten an, die nach kurzer Atempause in eine Autojagd übergeht.

In *Der Spion, der mich liebte* muß Bond schon in der Vortitel-Sequenz auf Skiern vor einer Reihe von Killern fliehen. *In tödlicher Mission* zeigt ebenfalls eine Abfolge von Fluchtversuchen, wobei sich 007 in Spanien am Steuer einer »Ente« gegen zwei schwere Peugeot-Limousinen durchsetzt und im italienischen Cortina d'Ampezzo, über eine Sprungschanze und durch den Eiskanal einer Bobbahn fegt. In *Im Angesicht des Todes* gar jagt er, verfolgt von einer Phalanx von Polizeiautos, in einem Feuerwehr-auto quer durch Los Angeles.

Sorgfältig bauen diese Verfolgungsjagden von Film zu Film aufeinander auf, man achtete darauf auf, schon Gezeigtes – wegen des Wiedererkennungseffektes – aufzugreifen, gleichzeitig aber zu variieren und zu steigern. Das belegen sehr deutlich die Verfolgungsjagden zu Wasser in *Leben und sterben lassen*, *Der Mann mit dem goldenen Colt* und *Moonraker*. Sie alle haben ihren Vorläufer in der Hochsee-Schlacht in *Liebesgrüße aus Moskau*. Ähnlich verhält es sich mit den Autojagden. Man vergleiche die einschlägigen Szenen, angefangen bei *Dr. No, Goldfinger* und *Diamantenfieber* über *Der Mann mit dem goldenen Colt* und *In tödlicher Mission* bis hin zu *Im Angesicht des Todes* und *Lizenz zum Töten*: Die Entwicklung verläuft vom einfachen Absturz die Klippe hinunter über den schwierigen, vom Computer berechneten Sprung über ein Brückenfragment bis zum spektakulären Autounfall, bei dem der Flugverkehr gefährdet wird: Eine vom Einfachen kontinuierlich zum immer Raffinierteren und Aufwendigeren ansteigende Spirale, eine einzige Fuge mit Variationen in Blech-Müll.

Ganz besonders schwer tut sich Moore gegen den diabolischen Christopher Lee. Die Dialoge im Film *Der Mann mit dem goldenen Colt* konstatieren fortwährend die Wesensgleichheit Bonds und Scaramangas. Nur: während man Lee nicht zuletzt wegen seiner zahlreichen Dracula-Filme den Berufskiller jederzeit glaubt, hat Moore Mühe, gefährlich zu wirken. Seine unschuldigen himmelblauen Augen und das glatte Bubengesicht widersprechen zu sehr dem, was er sagen muß.

Roger Moore führt vorzugsweise Ski-, Raum- und Abendanzüge vor, die dann von Stuntmen in gut choreographierten Flucht- und Zerstörungsorgien getragen werden. Er ist alles andere als eine kraftstrotzende Erscheinung, eher wirkt er wie ein großer Junge. So ist er besonders gut aufgehoben in *Der Spion, der mich liebte* und *Moonraker*. In diesen Filmen – beide nicht unter der bewährten Federführung Richard Maibaums, sondern Christopher Woods entstanden – geht es zu wie in einem explodierenden Spielzeugladen: Es gibt menschenbeißende Riesen, Tarnkappen und schloßartige Verstecke. Vor allem aber funktionieren sie – und das unterscheidet diese Filme von ihren Vorgängern und Nachfolgern – nach dem Prinzip der Tom-und-Jerry-Abenteuer: Der Beißer mag ins Haifischbecken stürzen oder ohne Fallschirm aus dem Flugzeug in ein Zirkuszelt, er mag, am Draht einer Seilbahn hängend, in ein Stationsgebäude rasen, unter Tonnen von Pyramidenschutt begraben werden oder an 220 Volt brutzeln – er schüttelt danach bloß den Staub ab, um so, als wäre nichts geschehen, voller Gleichmut der weiteren Verfolgung Bonds zu obliegen.

Die Politik spielt in Moores Filmen noch weniger eine Rolle als in denen Connerys – kein Wunder, wurden sie doch in der »heißen Phase« der Entspannungspolitik gedreht. Der dezente Mao-Look, den Dr. No ebenso bevorzugt wie Blofeld und Hugo Drax, ist das Äußerste an politischer Deutlichkeit, die sich EON erlaubte. Bei Moore gibt es nur noch die Vereinten Nationen der spielenden Menschheit. In *Octopussy* spielt selbst das oberste sowjetische Führungsgremium um Leonid Breschnew: Das Podium im Sitzungssaal ist drehbar gelagert, Wände werden auf- und zugefahren und geben den Blick auf Weltkarten und ähnliches frei.

Wo alle friedlich spielen, gibt es natürlich Spielverderber, die gerne Ernst machen würden, so der ausgerastete Rotarmist Orlow in *Octopussy*. Das ruft natürlich Bond auf den Plan, der für die Einhaltung der Regeln sorgt und Störenfriede radikal ausmerzt, damit das Spielchen weitergehen kann.

Damit wird Bond zum Bruder Godzillas. So wie die Japaner das atomare Trauma von Hiroshima und Nagasaki auf die letztlich harmlose Figur der Riesenechse projizierten und die Angst bannten, bannt auch Bond spielendspielerisch die Atomangst der westlichen Kinozuschauer: ein eskapistisches, aufwendiges, zweckfreies Spiel, geschaffen zum Ergötzen und zur Nervenberuhigung des Zuschauers.

Doch Moores Filme wollen vor allem eines: staunen machen. Wie in *Moonraker* das Schoßhündchen und die

Taube in Venedig, sollen die Zuschauer fassungslos dem in einer Luftkissengondel dem Canale Grande entsteigenden Geheimagenten nachschauen. *Diamantenfieber* ist der erste Film mit deutlich phantastischen Elementen, die seitdem immer wichtiger wurden. In *Diamantenfieber* läßt Blofeld Replikanten seiner selbst herstellen – nicht um Verbrechen zu begehen, er möchte nur Bond ein wenig an der Nase herumführen. Ebenso sinnlos ist im selben Film die hinzuerfundene Figur des Milliardärs Willard Whyte. Er dient lediglich als kleine Hommage an den Ölmagnaten, Flieger, Filmschaffenden, BH-Konstrukteur und Exzentriker Howard Hughes (1905–1976) und als Vorwand für die Vorführung eines Stimmenimitationsgerätes.

M und Q haben nicht geringe Sorgen mit Roger Moore, denn der macht konsequent alles kaputt, was ihm in die Finger gerät, ja er unternimmt geradezu einen lustvollen Kreuzzug gegen alles, was in der bürgerlich-kapitalistischen Welt gut und teuer ist (leider verstand die, linke Kritik, die Bond früher Konsumismus vorwarf und ihn als »Kleinbürger in Waffen« geißelte, dies nicht richtig zu würdigen): In *Moonraker* jagt Roger Moore ungeniert und probehalber ein Minigeschoß aus einem Torpedowerfer an seiner Armbanduhr in das Hinterteil eines Pferdes auf einem antiken Gemälde, ruiniert, wenngleich in Notwehr, eine Zentrifuge zum Astronautentraining, später ein gläsernes Artefakt im Versicherungswert von einer Million Dollar und endlich eine ausgewachsene Orbitalstation. Besonders gern zertrümmert Moore Fahrzeuge aller Art oder läßt sie nach Gebrauch einfach achtlos irgendwo stehen wie etwa Wassermotorräder, tauchfähige Sportwagen, als Krokodil getarnte Mini-U-Boote oder ein Rennboot mit einem Gerät zum Aussetzen von Wasserminen. Diese zerstörten Sachwerte sind das materielle Opfer zur Erhaltung des politischen Status quo.

Nach ein wenig Rums!, Zack!, Boing! ist die Balance zwischen Ost und West oder Gut und Böse wieder für ein Weilchen hergestellt.

Manches allerdings bleibt heil. Die von Roger Moore bevorzugten Gadgets entstammen meist den Mikrochip-Küchen: ein scheckbuchflaches Fotokopiergerät, das sogar Schriftzüge sichtbar macht und reproduziert, die sich nur auf die Schreibunterlage durchgedrückt haben, eine verstellbare Polaroidbrille, die den Durchblick durch spiegelnde Fensterscheiben ermöglicht, oder ein Kugelschreiber, dessen Mine aus einem gefährlichen Dorn besteht. Ferner besitzt er eine Uhr, deren gezähntes Zifferblatt als Kreissäge einsetzbar ist und die einen gewaltigen Elektromagneten enthält mit der Kraft, fliegende Pistolenkugeln abzulenken. Füllfederhalter mit ätzender Tinte, Wanzen und Lauschmittel aller Art gehören ohnehin zur Standard-Ausrüstung. In *Moonraker*, aber auch in anderen Filmen, besitzt der ganze Krempel nicht mehr als Schauwert. Der in ein Parfümflakon eingearbeitete Flammenwerfer und das Notizbuch mit Schußvorrichtung dienen lediglich dazu, Dr. Holly Goodhead als CIA-Agentin auszuweisen.

Der technische Fortschritt bedingt, daß morgen schon Standard ist, was heute noch im Film als futuristisches Trickspielzeug dient. Beispiele hierfür sind der Fernschreiber in der Armbanduhr aus *Der Spion, der mich liebte*, der Personenidentifikations-Computer aus *In tödlicher Mission* und *Im Angesicht des Todes*.

Bei dieser Hörigkeit allem Technischen gegenüber überrascht das Improvisationstalent, das Roger Moore in *Leben und sterben lassen* an den Tag legt: Als er im Rasierspiegel seines Badezimmers eine Giftschlange sieht, die sich in mörderischer Absicht auf seine nackten Fersen zubewegt, entzündet er mit seiner brennenden Zwanzig-Zentimeter-Davidoff blitzschnell das garantiert FCKW-haltige Treibgas seines Rasierschaum-Sprays und fackelt das Tier ab.

(Das funktioniert tatsächlich, am besten mit alkoholhaltigen Reinigungsmitteln, allerdings besteht die Gefahr einer Explosion der Spraydose.)

Die Filme mit Roger Moore sind darüber hinaus großangelegte Zitatenspiele. In *Der Mann mit dem goldenen Colt* fährt Bond im Hafen von Hongkong am Wrack des 1972 unter dubiosen Umständen ausgebrannten Luxusliners »Queen Elizabeth« vorbei. Später entdeckt er, daß M sein Hauptquartier in dieses Wrack ausgelagert hat. Da es schräg im Wasser liegt, entfaltet das Büro eine buchstäblich schräge, leicht surrealistische und an *Das Kabinett des Dr. Caligari* erinnernde Atmosphäre. Kenner der Serie wissen die Wahl dieses Ortes als Insider-Witz zu schätzen: An Bord der »Queen Elizabeth« trägt sich in Connerys zweitletztem 007-Film *Diamantenfieber* der finale Kampf gegen das homosexuelle Mörderpärchen Wint und Kidd zu.

Höhepunkt kinematographischer Zitierwut ist eindeutig *Moonraker*; der Drehbuchautor fügte unter anderem die fünftönige Melodie aus Steven Spielbergs *Close Encounters of the Third Kind* (1977, dt. *Unheimliche Begegnung der dritten Art*) und die Schlußszene aus der ersten Episode von *Star Wars* (1977, dt. *Krieg der Sterne*) ein, und einmal klingt kurz das Hauptthema aus John Sturges' *The Magnificent Seven* (1960, dt. *Die glorreichen Sieben*) an, das wiederum ein in den Wilden Westen transplantiertes Remake von Kurosawas *Die sieben Samurai* (1953) darstellt.

Roger Moore gönnte man in seinem letzten Bond-Film einen wahrhaft furiosen Ausstand. *Im Angesicht des Todes* ist alles in einem: Agententhriller, Katastrophenfilm, Actionkomödie, Psychopathenkrimi und gleichzeitig ein Stück privater Nostalgie, denn das Planschebad mit May Day im überfluteten Stollen ist eine Reminiszenz an *Gold* (1973) von Bond-Regisseur Peter Hunt; Moore spielte darin einen wackeren südafrikanischen Bergwerksingenieur.

Back to the roots: Timothy Dalton

In der Vortitel-Sequenz seines ersten Bond-Films *Hauch des Todes* wird der britische Shakespeare-Darsteller Timothy Dalton (*1946) auf originell-effektvolle Weise als neuer Agent eingeführt: Ms Doppelnull-Abteilung ist mit dem ehrenvollen Auftrag bedacht worden, die Wachsamkeit der britischen Garnison von Gibraltar zu testen. Zum Absprung bereit, treten in einem fliegenden Hauptquartier drei Doppelnullagenten in Fallschirmspringerkombi vor den Geheimdienstchef. Der erste sieht aus wie George Lazenby – Fehlanzeige; der zweite ähnelt Roger Moore und kann es somit ebenfalls nicht sein. Der dritte schließlich ist der richtige: Timothy Dalton. Er ist der einzige, der das waghalsige Testmanöver überleben wird, alle anderen bringt ein SMERSCH-Killer um, denn es ist wie beim Highlander: es kann nur einen geben.

Mit der starken erotischen Aggressivität, die Timothy Dalton im Gegensatz zu seinem Vorgänger ausstrahlt, knüpft die Serie wieder an den Bond Sean Connerys an. Zur Unterstreichung dieser Kontinuität benutzt Dalton in seinem Debüt auch wieder den guten alten Aston Martin. Ungewöhnlich dagegen in Daltons Bond-Debüt *Der Hauch des Todes* ist die Monogamie – als einzige Frau liebt Bond darin Maryam d'Abo. Dies wurde gelegentlich als Reflex auf die AIDS-Furcht der achtziger Jahre interpretiert und 007 als »No-no-seven« verspottet.

Dafür zeigt *Der Hauch des Todes* etwas, das in allen anderen Bond-Filmen vermieden wurde: völlige weibliche Nacktheit. Nackte Frauenkörper waren immer erahn-, aber nie sichtbar. Timothy Dalton räumt gleich bei seinem Einstand mit diesem Versäumnis auf: Er benutzt den entblößten Körper einer Frau als Blickfang zur Ablenkung des Gegners.

Die Gadgets sind in der Ära Dalton wieder mehr für den

geheimdienstlichen Gebrauch konzipiert, wenngleich nicht weniger phantastisch als bei Moore. Dalton hat eine Röntgen-Kamera im Gepäck, die Laserstrahlen aussendet und nebenbei auch fotografiert, eine Rauchbombe, die auf die gepfiffene Melodie von »Rule Britannia« reagiert, Plastiksprengstoff aus der Zahnpasta-Tube und ein WALTHER-Supergewehr mit Nachtsichtgerät und allem anderen, was man zur Beseitigung lateinamerikanischer Drogenbosse eben so braucht. Im Vordergrund steht jedoch wieder massiver körperlicher Einsatz. Wie Sean Connery seinerzeit läuft Timothy Dalton nicht vor den Verbrechern davon, er jagt ihnen hinterher.

Doch er tötet sie nur im Notfall, verglichen mit den Exzessen seiner Vorgänger wirkt dieser Bond fast rührend friedliebend – Symbol einer Entwicklung, in der Engländer, Amerikaner und Russen eine große Koalition bilden können.

Der neue Mann: Pierce Brosnan

Nach *Lizenz zum Töten* bedurfte es einer längeren Denkpause, bis im Sommer 1994 endgültig feststand: Der Ire Pierce Brosnan wird der neue 007. Wäre es nach den Produzenten gegangen, hätte man ihn bereits in *Hauch des Todes* gesehen, doch damals band ihn noch ein langfristiger Vertrag an die US-Fernsehserie *Remington Steele*, in der er zwischen 1982 und 1986 an der Seite von Dorothy Roberts und Stephanie Zimbalist auftrat.

Pierce Brosnan wurde in Dublin geboren. Sein Geburtsjahr scheint strenger Geheimhaltung zu unterliegen, denn genannt werden die Jahre 1949, 1952 und 1953. Fest steht, daß der Schauspieler seit 1981 in den USA lebt und arbeitet. Seine Spezialität sind Krimis sowie Liebes- und Leidenschaftsschmonzen wie *Victim of Love* (1991, dt. *Ver-*

hängnisvolle Leidenschaften). Daß er – unerläßlich für einen Bond-Darsteller – ziemlich sexy sein kann, bewies er in einer Badehosen-Szene in dem erfolgreichen Film *Mrs. Doubtfire*, wo er als Rivale von Robin Williams zu sehen war.

Eines hat Brosnan allen seinen Vorgängern voraus: Seine Ex-Frau Cassandra Harris ist bereits in einem Bond-Film aufgetreten. In dem Roger-Moore-Film *In tödlicher Mission* spielte sie die Countess Lisl.

Der Titel von Brosnans James-Bond-Debüt *Goldeneye* ist dem Namen von Ian Flemings jamaikanischem Landsitz Goldeneye entlehnt, und dieser wiederum einem Roman von Carson McCuller mit dem Titel *Reflexions in an Golden Eye.* Auch der alliierte Plan einer Verteidigung Gibraltars gegen einen möglichen deutschen Angriff über Spanien soll »Operation Goldeneye« getauft worden sein. Traditionsgemäß dürfte der Film seinen Titel jedoch mit etwas ganz anderem rechtfertigen.

Bonds Mit- und Gegenspieler sind erstmals durchweg Frauen: M ebenso wie die Programmiererin Natalja und die Killerin Xenia, dargestellt von der Engländerin Judy Dench, der Polin Izabella Scorupco und der Niederländerin Framke Janssen. Auch politisch hat sich Drehbuchautor Michael G. Wilson der neuen postsowjetischen Großwetterlage angepaßt. James Bond muß für den freigewählten russischen Präsidenten die Kastanien aus dem Feuer, sprich aus den Händen der Mafia holen. Gedreht wurde unter anderem in Sankt Petersburg, und hochmoderne Waffensysteme, die zum Teil noch von der Roten Armee entwickelt oder benutzt wurden, kommen zum Großeinsatz. Die Studioaufnahmen entstanden in ausgedienten Montagehallen von Nobelkarrossier Rolls-Royce.

Goldeneye ist so der Versuch, mit einem neuen Hauptdarsteller und einem neuen Konzept die Serie an die Zeit anzupassen: Starke Frauen und freundliche Russen bestimmen das Geschehen. Die Welt verändert sich, doch die Legende lebt – siebzehnmal und noch viel länger!

James Bond – Original und Fälschung

Gezeichnet: James Bond & Co. im Comic

»Ian Flemings Stil«, hat Raymond Chandler einmal gesagt, »ist hart, rassig direkt und lebendig. Eine Schreibart, die sehr geeignet ist für die Übersetzung in Bildserien.«

1957 erschien denn auch in der Londoner Zeitung *Daily Express* der erste 007-Comicstrip. In 139 Folgen erzählt John McLusky *Casino Royale* zeichnerisch in der Adaption von Henry Gammidge nach; es folgten *Leben und sterben lassen, Diamantenfieber, Liebesgrüße aus Moskau, Dr. No, Goldfinger, Riskante Geschäfte, Tod im Rückspiegel, Für Sie persönlich, Im Dienste Ihrer Majestät* und *Man lebt nur zweimal.* Die Serie lief bis 1963, dann waren die Originalvorlagen ausgeschöpft. Zuletzt wurde 007 noch dem Aussehen Sean Connerys angepaßt.

1965 entstand *Der Mann mit dem goldenen Colt*, gezeichnet von Jaroslav »Larry« Horak, geschrieben von James Lawrence. Die beiden durften mit dem Einverständnis der Rechteinhaber sogar neue Abenteuer ersinnen, die bis nach Jugoslawien verkauft wurden, zum Beispiel *Operacija ›Roginja Mura‹.*

Permission to Die, 1989 von Mike Grell geschrieben und gezeichnet, ist keine Parodie, sondern eine Geschichte, die von Ian Fleming sein könnte. Wie in den Filmen steht am Anfang eine Vortitel-Sequenz, in der Bond, *most fashionably* mit einem schottischen Kilt angetan, als Dinner-Gast des amerikanischen Botschafters ein Terrorkommando erledigt, das die Entführung des Gastgebers plant. Dann muß er sich einem Gegner widmen, der Sir Hugo Drax und Goldfinger absolut ebenbürtig ist: Dr. Eric Widziadlo, ein von ungarischen und tschechischen Vorfahren abstammendes Doppelgenie. Der auch musikalisch hochbegabte Physiker hat ein unglaublich preiswertes Satelliten-launching-System entwickelt. Ursprünglich war er ein friedensbewegter Mann, wird aber wahnsinnig, als er versehentlich die Atomkatastrophe von Tschernobyl verursacht. Bei der Aufführung seines Orgelkonzertes will er Victoria, die Hauptstadt von British Columbia, zerstören. Bond verhindert dies.

Die Geschichte führt 007 hinter den Eisernen Vorhang, wo er im Kampf gegen einen Zug Rotarmisten eine Menge Hubschrauberschrott erzeugt, weiter in die USA zur Tochter von Kerim Bey, der in *Liebesgrüße aus Moskau* sein Freund ist, in die Arme einer schönen Jägerin mit dem noch schöneren Namen Mary Chase (»Maria Jagd«), und schließlich zu der Grace Jones nachempfundenen androgynen, ebenso intelligenten wie gefährlichen Sula. Prachtvoll sind die Anleihen beim *Phantom der Oper* und bei Jules Vernes Kapitän Nemo; die Bewaffnung dagegen – eine ASP unter der Achsel, eine 44er Magnum im Handschuhfach – wurde von Jahn Gardners Romanen inspiriert.

Freiheiten gestattet sich der Zeichner lediglich im Detail. Der Waffenmeister Major Boothroyd (Q) ähnelt keineswegs Desmond Llewelyn, sondern ist ein kraftvoller, bärtiger Engländer, den man sich gut als Dr. Watson vorstellen könnte. Felix Leiter hat eine bewegliche Klauenhand. Die Liebesszenen sind so freizügig wie in keinem Film: Noch kein Bond-Darsteller hat so nackt am Fenster gestanden wie die Zeichenfigur, vom Gesicht her eine sehr britisch wirkende Mischung aus Sean Connery und Timothy Dalton.

Von Doug Moench (Story) und Paul Gulacy (Illustrationen) stammt *Serpent's Tooth* (dt. *Der Zahn der Schlange*) aus dem Jahre 1992. James Bond wirkt hier sehr muskulös und etwas gelackt. Die Geschichte ist sehr futuristisch: Der

Bösewicht ist der irre Genforscher Indigo, den ein fehlge-
schlagenes Genexperiment in einen Kaltblütler verwandelt
hat, eine Art menschliches Reptil. Er kidnappt schöne
Frauen in fliegenden Untertassen und bewohnt eine Art
fahrbarer Käseglocke, eine gigantische, tauchfähige Glas-
kuppel auf Panzerketten. Darin hat er eine Frühform des
Jurassic Park angelegt mit richtigen Sauriern. Seine Helfer
bestehen aus einem Trupp geklonter langmähniger Killer
mit identischem Äußern. Indigo will die Menschheit in
einer gigantischen atomar ausgelösten Flutkatastrophe
vernichten. Die dazu erforderlichen Sprengköpfe hat er
sich durch Kaperung eines britischen U-Boots besorgt,
weshalb 007 ihn im Auftrag des britischen Geheimdiensts
verfolgt. Im Laufe der Jagd auf Indigo wird Bond zum ersten Mal in seiner Laufbahn von einem Tyrannosaurus verfolgt, der abstürzt und von einem Aststumpf durchbohrt
wird. Bond begegnet ferner einem Affenmenschen in Gestalt seines grausam mutierten Kollegen 009. Am Schluß
spießt sich Indigo auf dem herumliegenden Unterkiefer
eines Raubsauriers auf.

Der Zahn der Schlange orientiert sich mit der Vortitel-
Sequenz von der U-Boot-Entführung, seinen schnellen
Schnitten, den harten Schatten, den dramatischen Perspek-
tiven und dem explosiven Finale unter Beteiligung schwerer Kriegsschiffe ganz am Film. Eine Verfolgungsjagd mit
Booten, ein Riesenkrake und eine Glücksspiel-Szene sind
Bestandteile klassischer Bond-Abenteuer, doch gibt es
hier mehr Sex und Brutalität, durchlöcherte Brustkörbe
etwa oder einen durchschnittenen Frauenhals.

Die satirische Zeitschrift MAD publizierte im Rahmen
ihrer Filmparodien auch Persiflagen auf die Bond-Serie
und wartet zum Erscheinen jedes neuen Bond-Films mit
einer gezeichneten Parodie auf. Hier erschien
Spion & Spion, eine ohne jeden Dialog auskommende,
allein vom Bildwitz lebende Comicserie. Darin versuchen

sich zwei spitznasige Spione, die offenbar Nachbarn sind, mit den allerirrwitzigsten *gadgets* immer wieder auszustechen.

Bekannter aber dürfte die Bond-Parodie in *Asterix und Obelix,* Band XXVI: *Die Odyssee* (1981, dt. 1982) sein. Weil er dringend Erdöl für seinen Zaubertrank benötigt, schickt Druide Miraculix Asterix und Obelix in den Orient. Der Geheimagent Nullnullsix – so genannt wegen sechsmaligen Versagens in der Druidenprüfung – soll den beiden das Öl im Auftrag von Caesars Geheimdienstchef Caius Musencus abjagen. Mit dem Erfolg, daß er zusammen mit Musencus, über und über mit Honig beschmiert, in einer von wilden Bienen bevölkerten Arena landet; der Zaubertrank wirkt und schmeckt auch ohne Öl.

Nullnullsix sieht aus wie Sean Connery in *Zardoz* (1973), bedient sich einer dressierten Fliege zur Nachrichtenübermittlung (heutige Agenten sollen ja Wanzen und ähnliches Ungeziefer benutzen) und besitzt als besonderes *gadget* einen Koffer, der sich auf Knopfdruck zum Kampfwagen entfaltet. Ein weiterer Knopfdruck fördert Messer zutage, die die Pferde römischer Patrouillen aus Angst um ihre Fesseln zu gewaltigen Seitensprüngen veranlassen. Doch die Fahrt in einen Abgrund endet, anders als erwartet, nicht mit einem Gleitflug, sondern mit einem Aufprall aufs Wasser: »Eigentlich hätte was passieren müssen, als ich auf den Knopf drückte.« Durchschlagender ist die Wirkung des Schnapses aus Kaledonien (Schottland), mit dem Nullnullsix den nach einem Herzanfall darniederliegenden Druiden Miraculix wieder auf die Beine bringt.

Clever & Smart sind zwei Geheimagenten aus Spanien, die der spanische Zeichner F. Ibañez kreiert hat. Der coole Agent Jeff Smart hat sehr unter dem Verkleidungstick seines Kollegen Fred Clever zu leiden, noch mehr aber unter ihrem cholerischem Chef, dem schnauzbärtigen Mr. L. Der schusselige Dr. Bakterius ist der Q des chaotischen Geheimdienstes, »und unsere Freunde Fred Clever und Jeff Smart verbringen ihre meiste Zeit damit, Dr. Bakterius' verlegte oder verlorengegangene Formeln wiederzufinden«. Ein *runnig gag* der an Situationskomik überreichen Serie ist der chronische Geldmangel des Geheimdienstes, der Clever und Smart dazu zwingt, ihre Tätigkeit auf niedrigstem finanziellem Niveau auszuüben. Meistens bewegen sie sich daher auf einem Fahrrad oder per Anhalter fort, es geht sehr explosiv zu, und nicht selten sind die beiden wegen des angerichteten Flurschadens am Ende auf der Flucht vor Mr. L. Nur gelegentlich gelingt es den beiden, sich für seine Schikanen rabiat zu revanchieren.

Der Zeichner Tacconi hat zusammen mit seinem Texter Castelli *Die Gentlemen GmbH* geschaffen. Unter Führung des Grafen wirken Kurt, Pedro und der bärtige Moose zusammen mit der schönen Jean als stilvolle Geheimagenten. In der Geschichte *James Bond backt kleine Brötchen* müssen sie nicht nur den für eine osteuropäische Macht spionierenden Otto Ochs überführen, sondern auch noch mehrfach James Bond retten, der sich in einem Formtief befindet. Der Witz dabei: Otto Ochs trägt unverkennbar die Züge von Gert Fröbe, Bond die von Sean Connery. Zwar pfeift Bond die Titelmelodie des Films *Goldfinger*, die Story aber ist die von *Casino Royale*, vermischt mit ein wenig *Liebesgrüße aus Moskau*. Bond gewinnt – natürlich mit Hilfe der Gentlemen GmbH – Ochsens gesamte Barschaft beim Pokern und wird daraufhin entführt. Ochs will ihn zur Preisgabe seines Geldverstecks zwingen; er schnallt ihn auf einen Tisch und droht, ihn mit einem Faß Cognac zu zerschmettern. Die *Gentlemen* retten ihn mit einer Laserkanone. Ochs flieht in seinem Wagen, wird aber festgenommen, nachdem das Auto in einen riesigen, von der Gentlemen GmbH auf der Fahrbahn plazierten Luftballon geprallt und im Straßengraben zerschellt ist. Später im Zug wird 007 von einem Killer mit einer aus der Armbanduhr gezogenen Stahlfeder um ein Haar erwürgt. Der Killer kennt natürlich das Schicksal Donovan Grants und läßt ihn nicht an seinen Koffer mit dem Messer kommen. Noch einmal müssen die *Gentlemen* rettend eingreifen. Am Schluß glaubt 007 noch immer nicht an ein Formtief, obwohl er seinen Hut statt an den Haken aus dem Fenster wirft.

007-Imitate in der Literatur

Ian Flemings Erfolg ließ der Konkurrenz natürlich keine Ruhe, und es gibt eine ganze Reihe mehr oder weniger gelungener Imitate auf dem Buchmarkt. 1962 schuf Peter O'Donnell (*1920) für eine Comicserie im *Evening Standard* Modesty Blaise, das wohl bekannteste weibliche Konkurrenzprodukt zu James Bond. Er schrieb elf Romane und eine Handvoll Kurzgeschichten um diese gefährliche Frau, deren Vorname eigentlich »Mäßigung« bedeutet. Doch »die Lady«, wie sie in den deutschen Buchtiteln meist genannt wird, ist alles andere als gemäßigt. Körperlich stets topfit, kennt sie sich in allen Kampfsportarten einschließlich Liebeskampf bestens aus. Sie tötet vorzugsweise mit einem Kongo, einer Art doppelseitigem Totschläger aus Holz. Bevor sie mit ihrem hünenhaften Kollegen Willie Garvin – der weder ihr Geliebter ist noch es je werden will – auf die »richtige« Seite des Gesetzes wechselt, befehligt sie »das Netz«, eine Verbrecherbande, die zwar manches anstellt, aber nie mit Rauschgift handelt. In dieser Zeit baut sie mannigfaltige Tarnexistenzen und Scheinfirmen auf, die ihr bei ihrer Arbeit als freischaffende Agentin des britischen Geheimdienstes zustatten kommen. Sir Gerald Terrant ist Chef des Secret Service, aber ihm steht offenbar kein 007 zur Verfügung, sonst würde er sich nicht immer wieder zerknirscht, in tiefer Verzweiflung an Modesty Blaise wenden; oft genug muß zur Lösung eines Falles auch Modestys schwerreicher amerikanischer Gönner John Dall seine weltumspannenden Beziehungen spielen lassen. Immer am Rande des Rücktritts stehend, finanziert Sir Terrant Modestys Einsätze aus fortwährend schrumpfenden schwarzen Kassen und Sonderfonds.

Der Erfinder des Brutaldetektivs Mike Hammer, Mickey Spillane (*1918), fand 1964 seine Antwort auf James Bond:

Rondine »war eine Vollblutfrau, zur Vollkommenheit erblüht und stolz auf das Tal zwischen ihren Brüsten und die Art, wie sich Hüften und Schenkel in ihrem eng anliegenden Kleid abbildeten.

›Lange her, Honey‹, sagte ich zu ihr, ließ ihre Hand los und schaute ihre beiden Begleiter an. ›Tiger Mann‹, stellte ich mich vor, beiden die Hände schüttelnd. ›Ein lächerlicher Name, aber mein Vater hat ihn mir gegeben.‹ . . .

›Und wie ist es Ihnen ergangen, Mr. Mann?‹

›Früher war ich einmal Tiger für dich.‹

Ihr Lachen war noch genauso sexy wie früher. ›Okay, Tiger. Aber nun erzähl.‹

›Im ganzen nicht schlecht. Ich bin überrascht, dich wiederzusehen.‹

Sie begleitete ihre Worte mit lebhaften Gesten. ›Die Welt ändert sich. Es geschieht so dies und das.‹

Ich hatte wieder dasselbe Gefühl wie damals, als die beiden Kugeln meinen Unterleib durchschlugen. ›Aber wir dürfen doch zurückblicken, oder?‹

Ihre Augen waren eigentümlich überschattet. Ich versuchte mich daran zu erinnern, wie sie bei unserer letzten Begegnung ausgesehen hatten, in diesem kleinen Hamburger Hotelzimmer. Draußen bewarf die 8. Britische Luftflotte die Stadt mit schweren Bomben, und in zwei Minuten würde Cal Haggerty die Treppen heraufstürmen, um dieses ganze gottverdammte Agentennest mit seiner Tommy-gun vom Angesicht dieser Erde zu pusten – nur daß sie Cal umbrachte, weil sie schneller war und mit den Waffen einer Frau kämpfte. Man schießt nicht mit 45ern auf eine nackte Frau, ohne vorher mal hinzugucken. Er guckte zu lange und intensiv. Dabei muß er wohl die Luger in ihrer Hand übersehen haben ...

›Aber wir haben uns geliebt, Rondine. Ein amerikanischer Agent und eine Nazispionin. Zehn Minuten, nachdem wir miteinander geschlafen hatten, hast du mich abgeknallt. Zehn Minuten, nachdem du dich stöhnend und wimmernd auf diesem Bett gewunden hattest, weil du noch niemals zuvor so etwas erlebt hattest, pumpst du mir zwei Dinger ins Gekröse.‹« (Übersetzung: K.-P. W.)

So beginnt *Days of the Guns* (dt. *Der Tiger ist los*, 1966). In der Folge erweist sich der Tigermann als hemmungsloser Umnieter, der den Kollegen Mike Hammer lässig übertrifft. Das ist nicht Ian Flemings Stil, das liegt eher auf der Linie von John Gardner.

Natürlich haben auch andere Länder und Völker ihre Superagenten, nicht zuletzt Rußland. Hier erfand Julian S. Semjonow, ein in Rußland sehr populärer Autor, den Genossen Slawin (von *slawa* = Ruhm), der zum Beispiel in *TASS upolnomotschen sajavit* (1979, *Die Würfel fallen in Moskau*, 1982/1985, u. d. T. *Moskau streng geheim*, 1989) auftritt und einen Putsch in dem fiktiven schwarzafrikanischen und moskautreuen Staat Nagonia verhindert. Seine Gegner dabei sind unter anderem CIA-gelenkte Altnazis unter Führung eines früheren Mitarbeiters des Mussolini-Befreiers Otto Skorzeny sowie ein von Moskau aus operierender Agent mit dem Tarnnamen »Umny« (»Clever«). Slawin ist bewußt als Gegenbild von James Bond gezeichnet: um die fünfzig, kahlköpfig, Tennisspieler, belesen wie fast jeder Russe und seiner jungen Freundin Irina, die in Moskau bleiben muß, absolut treu. Er verfügt weder über unbegrenzte Finanzmittel noch Geheimwaffen aus der »Q-branch«, sein FIAT ist ein Leihwagen, und er wird von der Zentrale an kurzer Leine geführt. Berichte und Anweisungen jagen hin und her. Slawin gewinnt seine Erkenntnisse mit der peniblen Hartnäckigkeit eines Oberinspektors Derrick durch geduldiges Befragen von Leuten, die etwas wissen könnten. Wie in vielen Sowjetkrimis wird auch in *Die Würfel fallen in Moskau* das KGB unkritisch glorifiziert, dafür fehlt das Motiv des Verbrechers; Verrat wird als pathologische Kategorie denunziert.

Trotz allem fehlt der Bezug zu Ian Fleming nicht. Im Text wird der James-Bond-Roman *From Russia, with Love* erwähnt; unklar freilich bleibt, warum der Übersetzer Harry Burck den Titel mit »Aus Rußland mit der Liebe« wiedergibt. Unkenntnis oder verborgene satirische Absicht?

Auch andere russische Autoren kennen – nicht erst seit der Veröffentlichung von Bond-Romanen in Rußland nach 1991 – Flemings Werke. Alexander Sinowjew (*1922), prominenter in München lebender Regimekritiker, Exilschriftsteller und Autor von *Sijajuschtschie wysoty* (1976, dt. *Gähnende Höhen*, 1981), der tiefschürfenden belletristischen Analyse des Sowjetsystems, versuchte sich mit *Gosudartswenny shenich* (1986, dt. *Der Staatsfreier oder Wie wird man Spion*) ebenfalls, wenn auch vergeblich an der Abfassung eines Politkrimis – vergeblich, weil er darin nur einen Neuaufguß seiner aus *Gähnende Höhen* sattsam bekannten, zum Teil in Paradoxa formulierten Politthesen liefert, aber kein wirkliches Krimiplot erfindet, obwohl der Roman wesentliche Elemente des Genres enthält:

Wladilen Laptew wird für eine Ausbildung zum Geheimagenten ausgewählt und in die Bundesrepublik eingeschleust, wo er als angeblicher Flüchtling Fuß fassen und sich für den Fall einer konkreten Geheimdienstoperation bereithalten soll. Auf Befehl Moskaus heiratet er unter dem Namen Bastmann die Millionärswitwe Lotta Ritter,

um die bundesdeutsche Industrie auf einen moskaufreund-
lichen Kurs zu bringen. Als er von einem Detektiv wegen
einer Affäre mit seiner Sekretärin erpreßt wird, inszeniert
er eine zweite, diesmal echte Flucht und kann sowohl der
ungeliebten Gattin als auch dem KGB entrinnen. Die Er-
mordung eines emigrierten Sowjetschriftstellers in London
und die perfide Kompromittierung eines Wissenschaftlers
durch Laptew werden, da nur beiläufig referiert, leider
nicht zur Erzeugung von Spannung nutzbar gemacht. Offe-
ner Neid auf James Bond spricht aus folgender Szene:

»Die Ehefrau legte ihren Sohn schlafen, drehte das Fernsehen an und machte es sich im Sessel bequem. Es wurde ein
James-Bond-Film gezeigt; Bond erobert im Handumdre-
hen eine bezaubernde Blondine, irgendeine Spionin. Da
geht das Telefon. Laptew ist am Apparat.

›Was treibst du?‹

›Sehe mir einen Film im Fernsehen an. James Bond. Ein
einziger Blödsinn. Aber lenkt von der Wirklichkeit ab.‹

›Oder umgekehrt: erinnert an die Wirklichkeit.‹«

Verdammt dicht dran: Parodist Manfred Taut

In Deutschland erschien in den achtziger Jahren eine gelun-
gene fünfteilige Romanserie des im bayrischen Lichtenau
bei Ansbach lebenden Zahnarztes Manfred Taut um James
Bomb Nullnullsex, einen Agenten des britischen Sekret-
Service (Sekret ist kein Druckfehler, sondern ein ganz be-
sonderer Saft, dessen Absonderung in dieser Art von Service in einem fort notwendig wird). Die fünf erschienenen
Bände sind fast richtige James-Bond-Romane, eher Fort-
setzung und Hommage als Parodie. Angenommen, Gardner wollte sich nicht mehr mit Bond beschäftigen, dann
brauchte Taut seine Parodien nur um ein weniges ernster zu
machen, und er wäre der prädestinierte Ersatzmann.

Der Name der allzeit zu allem bereiten und sogar zu mancherlei zu gebrauchenden Hauptfigur stammt von keinem Geringeren als dem schwerhörigen Auric Goldfinger persönlich, der in Ian Flemings Roman Bonds vorstellende Worte nicht ganz versteht: »Spielen Sie Golf, Mr. Bomb?«

Manfred Taut hetzt seinen nimmermüden toupettragenden Helden – oft in Konkurrenz zu James Bond 007 – durch die Welt der Trivialmythen aus Kino und Literatur, als da wären Vampire wie Graf Dracula und Carmilla, Frankensteins Ungeheuer, King Kong, fleischfressende Untote und die Mafia. Der echte James Bond 007 tritt in Tauts *James Bomb jagt das geklonte Monster* sogar kurz auf, und zwar als Liebhaber einer übergewichtigen, aber prachtvoll sächselnden und, sozusagen, sexelnden ostdeutschen Ministergattin.

Die Handlungen der Parodien folgen im wesentlichen den von Ian Fleming entwickelten Mustern. So geht dem *showdown* mit dem sinistren Innenminister von Personien, Graf Dracs, wie in *Mondblitz* und *Goldfinger* ein Duell am Spieltisch voraus, wobei jedoch nicht Chemin du fer oder Bakkarat gespielt wird, sondern Schwarzer Peter. Neben James Bomb treten auf: M – als M – und als dessen Sekretärin Miss Moneypenny eine Miss Pimpermoney. Die Namen von Tauts Figuren sind absichtsvoll dazu angetan, erotische Assoziationen zu wecken; so heißt eine Wissenschaftlerin Dr. Hightitts und der zeugungsunfähige Herrscher von Personien Shuh Karezza der Zweite – nach Karezza, einer Sexualpraktik, die zwar die Vereinigung der Liebenden zuläßt, den Höhepunkt aber strikt vermeidet.

Besonders grell überzeichnet wird die sexuelle Leistungsfähigkeit Bombs, der selbst dann seiner Dienstnummer Nullnullsex Ehre macht, wenn er es mit den siamesischen Vampirzwillingen Carmilla und Mircalla zu tun bekommt oder mit der Riesenäffin Queen Kong. Im Gegensatz zur dauerfrustrierten Miss Moneypenny des Originals stößt Miss Pimpermoneys flehentliche Anbetung bei Bomb auf sehr viel Gegenliebe, was man ihr durchaus vergönnt.

Ansonsten läßt sich Taut gern vom Kino inspirieren. Zu der Flucht des Helden aus der DDR in einem Ballon (in ... *jagt das geklonte Monster*) dürfte der Autor von dem 1982 nach einer tatsächlichen Begebenheit im Jahre 1979 gedrehten Walt-Disney-Film *Mit dem Wind nach Westen* (Originaltitel: *Night Crossing*) inspiriert worden sein, und zu der »Ausgepreßten Fledermaus ›Frédérik‹« (aus... *jagt Graf Dracs*) von dem Kriminalfilm *Who is killing the Great Chiefs of Europe?* (USA/Frankreich 1978; dt. *Ein Kochtopf voller Leichen*, auch: *Die Schlemmerorgie*), in dem Robert Morley »Ausgepreßte Ente aus der Normandie« serviert wird (vgl. Berndt Schulz: *Kochen wie im Kino. Bilder, Dialoge und 130 Originalrezepte zum Nachkochen.* Hamburg 1992: Verlag Rasch und Röhring, S. 113).

Von Tauts Sprachwitz und satirischer Kraft zeugen unter anderem Beschreibungen von Autos wie etwa eines »chinesischen Pe-King mit revolutionärem Antriebsaggregat, dem sogenannten Maotor, das heißt reichlich Platz unter der leeren Haube für vier bis sechs Rikschakulis, je nach Parteibuchnummer«, eines »südafrikanischen Burenwagens Marke ›Apartheid‹ in Saharagelb mit Starkstromsitzkissen und eingebauten Daumenschrauben in den Armauflagen« oder schließlich eines »westdeutschen Notstandswagen in Feldgrau, angetrieben von einer starken Grundgesetzverbrennungsmaschine, komplett ausgerüstet mit H-Bomben-Pflaster, Erster-Hilfe-Büchlein, Feuerpatsche und vier Maulkörben.«

Filmische Imitate und Parodien

Wie kannibalisch die Filmbranche sein kann, zeigt die amerikanische TV-Serie *Honey West* (1964, dt. *Privatdetektivin Honey West*), in der die blonde Anne Francis (*1932) einen Modesty-Blaise-Verschnitt darstellt. Karateschläge austeilend, tritt sie stets in schwarzer Ledermontur auf und hat einen Minisender im Lippenstift. Natürlich darf auch das Gegenstück zu Willie Garvin nicht fehlen, jedenfalls sitzt ein muskulöses Mannsbild immer gut aussehend in ihrem Sportcabrio herum.

Mel Brooks hatte die Idee einer Parodie vor allem der Gadgets der James-Bond-Serie und schuf zusammen mit Buck Henry die Vorabendserie *Get Smart* (1965–1967) um Agent 89 Maxwell Smart, die in der ARD unter dem Titel *Minimax* lief. Mit dem Wechsel zum ZDF wurde er zum *Supermax* befördert, blieb aber trotz neuer Blödelsynchronisation der Volltrottel, der mit seinen Geheimdienstspielzeugen à la James Bond nichts als Unsinn anrichtet. So hat er auf seinem Schuh eine Telefon-Wählscheibe dort, wo sich normalerweise die Schnürsenkel befinden. Der Lautsprecher ist in der Sohle, die Sprechmuschel im aufklappbaren Absatz. Meist klingelt das Telefon im unpassendsten Moment und macht die Gegner auf Max aufmerksam. Einmal bekommt er ein hochempfindliches Gerät zum Aufspüren verborgener elektronischer Anlagen in Form eines riesigen menschlichen Ohres. Damit spürt er etwas Verdächtiges im Nebenzimmer auf. Um es zu vernichten, bestätigt er einen bleistiftgroßen Desintegrator und schweißt unter Entwicklung einer gewaltigen Feuersbrunst die Wand auf – zum Entsetzen des Chefs, der sich gerade dahinter frischmachen wollte; das Gerät hatte auf seinen Elektrorasierer angesprochen.

Ein anderes Imitat ist die TV-Serie *The Men from Uncle* (dt. *Solo für O.N.K.E.L.*) mit Robert Vaughn (*1932) als

Napoleon Solo und David McCallum (*1933) als Ilya Kuryakin. Die beiden stehen als Agenten im Dienste von U.N.C.L.E. (»United Network Command for Law and Enforcement«) in immerwährendem Kampf gegen eine Organisation namens A.U.N.T. Ihre Abenteuer sind leicht surrealistisch. So muß Napoleon Solo unter anderem, an Leinen gefesselt, als Marionette gegen lebensgroße japanische Kriegerpuppen antreten.

Die zwischen 1966 und 1968 gelaufene TV-Serie *Mission Impossible* (dt. *Kobra, übernehmen Sie*) mit Martin Landau (*1933), seiner Frau Barbara Baine und Peter Graves (*1925) war ebenfalls zum Teil recht surrealistisch. Jede Folge beginnt mit der Beauftragung der Organisation K.O.B.R.A. durch ein Peter Graves zugespieltes Tonbandgerät, das sich nach der Auftragsvergabe selbst in Feuer und Rauch auflöst. Meist müssen die Leute von K.O.B.R.A. dann irgendwelche Schurken, denen mit den Waffen des Gesetzes nicht beizukommen ist, mit allerlei futuristischen Gadgets überlisten. Um einen Kriminellen zu belauschen, kriecht Martin Landau beispielsweise in einer Folge unter ein Beistelltischchen und macht sich mit einer speziellen Spiegelfolie regelrecht unsichtbar.

Höhepunkt aller als Bond-Anleihen entstandenen TV-Serien dürfte *The Avengers* sein, die von 1965 bis 1967 lief, in Deutschland unter dem Titel *Mit Schirm, Charme und Melone*. Die Damenriege in diesen Filmen zeichnet sich vor allem durch überragende Kampfsportkünste aus, und es wurden manche Gadgets gezeigt, auf die das 007-Filmteam hätte stolz sein können, zum Beispiel die karatekundigen Kampfroboter, die von Kugelschreibern angelockt werden, die rechtzeitig an zukünftige Mordopfer verschenkt worden sind. Die Hauptdarsteller, angefangen von Patrick Macnee (*1922) über Honor Blackman (*1926) bis Diana Rigg (*1938), tauchen früher oder später alle selbst in Bond-Streifen auf: Honor Blackman in *Goldfinger*,

Diana Rigg in *Im Dienste Ihrer Majestät* und Patrick Macnee in *A View to Kill.*

Nicht einmal Sean Connerys cineastisch bis dahin völlig unbeleckter jüngerer Bruder wurde von einem Ausschlachtungsversuch verschont. Das 1966 gedrehte Werk hieß *O.K. Connery* (dt. *Operation »Kleiner Bruder«*). Neil Connery spielt darin den jüngeren Bruder des gerade nicht abkömmlichen großen James und bekämpft als Schönheitschirurg eine bayerische Verbrecherorganisation namens THANTOS auf den Spuren von Auric Goldfinger. Um die Kopie perfekt zu machen, spielen etliche Darsteller aus den James-Bond-Filmen mit: Daniela Bianchi, Adolfo Celi, Lois Maxwell und Bernard Lee.

Das bekannteste deutsche Filmimitat ist vermutlich *Unser Mann in Istanbul.* Horst Buchholz spielt darin einen Nachtclubbesitzer, der ausgiebig die körperlichen Vorzüge der Agentin Silvia Coscina begutachtet und in eine haarsträubende Spionageaffäre verwickelt wird. Dabei wird er gezwungen, nur mit einem Handtuch bekleidet durch Istanbul zu flüchten. Buchholz zur Seite stehen die besten deutschen Bösewichter: Bundesfilm-Psychopath Klaus Kinsky und der unvergleichlich fiese Mario Adorf. Der Film spielt – wie *Liebesgrüße aus Moskau* – über weite Strecken in einem Zug.

In Italien gab es die sogenannten »Spagetti-Bonds«. Ihre Dienstnummern reichen von 333 und 3S3 über OSS 117, OS 14 und Z 55 bis zu 003 und 077. Die Nummer 077 teilen sich die US-Agenten Mike Murphy (Louisa Davila) und Jack Clifton (Ken Clark); letzterer soll in *Operation Lotus Bleu* (1965/66, dt. *Mission »Bloody Mary«*) für die CIA in Frankreich eine von den Chinesen geraubte Atombombe wiederbeschaffen. Unter der Nummer 3S3 murkste sich Agent Walter Ross, dargestellt von George Ardission, durch eine Serie platter Imitationen.

Die erste Bond-Parodie aus der UdSSR entstand 1989

mit *Belaja kosty* (1989, dt. *Weißer Knochen*). Spitzenagent Grant Delijan muß hier – wie könnte es im Mutterland der Werktätigen anders sein – gegen korrupte Fabrikdirektoren und Funktionäre zu Feld ziehen – allerdings mit viel weniger Pyrotechnik als die westliche Konkurrenz.

Very British: David Niven

David Niven (1910–1983) ist der erste und einzige wirklich erwachsene Bond: Wenn er spielt, dann Debussy auf dem Klavier. Und doch ist gerade dieser Film eine einzige Parodie, in der buchstäblich jede Schnapsidee der fünf Regisseure umgesetzt wird. Darum stolpert der Film von Fritz Langs *Tiger von Eschnapur* in *Das Kabinett des Dr. Caligari*, zitiert Zeichentrick- und Popartfilme vom Schlage *Yellow Submarine* oder *Monty Python*, Wild-West- und Kriegsfilme. Sir James' uneheliche Tochter Mata Bond taucht ebenso auf wie Frankensteins Ungeheuer und ein kleinerer Verwandter von diesem, der batteriebetriebene Berliner Polo (dt. Paule), eine fliegende Untertasse und ein Bataillon Dudelsackpfeifer, die von Ursula Andress mit einer in einen Dudelsack installierten MP niedergemäht werden.

David Niven verdankt seine Rolle als Sir James Bond in *Casino Royale* der hohen Wertschätzung Flemings für diesen Gentleman-Darsteller. Höchstes Lob läßt er ihm in dem Buch *Du lebst nur zweimal* aus dem Munde Kissy Suzukis zuteil werden. Kissy hat einen einzigen Film in Hollywood gedreht, um danach angewidert auf ihre Insel zurückzukehren. »Keiner benahm sich mir gegenüber anständig, bis auf David Niven.« Ihm zu Ehren nennt sie ihren zum Fischen abgerichteten Kormoran David.

Die Parodie geht von der Fiktion aus, daß der von Sean Connery dargestellte Geheimagent 007 gar nicht der echte ist. Der echte, wesentlich älteren (David Niven) lebt zurückgezogen auf einem Schlößchen, um sich der Erinnerung an die große Liebe seines Lebens hinzugeben, Mata Hari. Ansonsten ist er ein Ästhet und hält sich – anders als ein tatteriger Diener – durch den Genuß von Gelée Royale fit. Die deutsche Synchronfassung gewinnt zusätzliche Noblesse durch die aristokratische Stimme von Friedrich Schönfelder.

James Tont 007 ½

Die gelungenste Parodie auf die Bond-Filme ist *James Tont 007 ½*. Konzipiert ist *James Tont 007 ½* als Ulk auf *Goldfinger*. Das zeigt schon die Eingangsszene. Connery trägt im Vortitel des Originals einen Abendanzug unter seinem Kampfdress, genau wie James Tont. In *Goldfinger* liegt Bond gefesselt auf einem Tisch, der Bösewicht droht, ihn mit einem Laser entzweizuschneiden. Hier stellt Bond die berühmte Frage »Erwarten Sie, daß ich rede?«, worauf Goldfinger Gerd Fröbe mit nur leicht unterdrücktem sächsischem Tonfall die klassische Replik gibt: »Ich erwarte von Ihnen, daß Sie sterben, Mr. Bond!« In *James Tont* wird die Parodie dieser Szene mit einer Anspielung auf Edgar Allan Poes Erzählung *Grube und Pendel* (1842) gewürzt. Tont liegt auf einer riesigen Schallplatte, die sich auf einem überdimensionalen Plattenspieler dreht. Die Drehung der Platte bringt seinen Kopf in immer bedrohlichere Nähe zu der messerscharfen Abtastnadel des Tonarms. Das Ulkige an diesem Film sind nicht nur die beabsichtigten parodistischen Elemente wie der Röntgenblick, den sich Tont nach dem Einbringen von Augentropfen und dem Aufsetzen einer Spezialbrille aneignen kann, oder der Fiat 500, eine Art Tarnkappen-Fahrzeug, bei dem sich durch das Betätigen der bunten

Tasten eines am Armaturenbrett befindlichen Manuals die Farbe der Außenlackierung des Wagens je nach Wunsch ändert. Der eigentliche Clou ist das Aussehen des rothaarigen Mr. Goldsinger. Er sollte ursprünglich Gerd Fröbe ähneln – was jedoch nicht ganz gelang. Betrachtet man den Film heute wieder, fällt sofort die Ähnlichkeit des Darstellers mit dem DDR-Devisenbeschaffer Alexander Schalck-Golodkowski ins Auge. Dies wirkt heute um so komischer, als die von Goldsinger eingefädelte Schurkerei tatsächlich mit internationalen Währungsgeschäften zu tun hat. Ansonsten legt *James Tont* eine ausgesprochen unverfrorene Art des Abkupferns von seinem Vorbild an den Tag. Die Titelmelodie ist dem von John Barry komponierten und von Shirley Bassey interpretierten Welthit »Goldfinger« derart notengetreu nachempfunden, daß man sich wundert, nie von einem Plagiatsprozeß gelesen zu haben.

Mit den Filmparodien ging es zu Ende, als Roger Moore die Bond-Rolle übernahm. Die parodistisch-ironischen, mehr spielerisch denn ernstgemeinten Elemente, mit denen die letzten Auftritte Connerys gewürzt waren, gerieten nun zum grundlegenden Gestaltungsprinzip. Moores persiflierendes Verständnis der Rolle machte andere Persiflagen überflüssig. Hinzu kommt, daß die Bond-Filme nach Art und Ausstattung keineswegs mehr einmalig waren und Trends setzten, sondern sich eher an vorhandene Trends anklinkten. Bestes Beispiel: *Moonraker – streng geheim*, dessen Entstehen nur vor dem Hintergrund von George Lucas' erfolgreicher – und wiederum Dutzende von Imitaten hervorrufender – Weltraum-Oper *Krieg der Sterne* verständlich ist, die in diesem Bond-Film ausführlich zitiert wird, so in der Szene, in der Roger Moore am Steuer eines Space-shuttle den drei Giftballonen nachjagt, mit denen Drax die Menschheit vernichten möchte. Vorlage ist eine Szene aus *Krieg der*

Sterne, in der »Luke Skywalker« Mark Hamill versucht, das Zentrum des Todessterns von Darth Vader zu treffen.

Schließlich wurde das Können des Supermanns Bond regelrecht demokratisiert, nicht zuletzt dank Produktionsbudgets, die diejenigen der Bondserie von zuletzt über dreißig Millionen Dollar mit leichter Hand übertrafen. Was 007 konnte, konnten bald auch andere, zum Teil bereits in mittleren Fernsehserien, vor allem aber im Kino. Harrison Ford, durch die Rolle des Indiana Jones ohnehin als Superheld ausgewiesen (und zusätzlich, in Teil 3, der Film-Sohn von »Ur-Bond« Sean Connery), spielt in *Die Stunde der Patrioten* den CIA-Agenten Jack Ryan, der zur Rettung seiner Familie vor einem psychopathischen IRA-Killer zu regelrechter Bond-Form aufläuft, und Bruce Willis als knallharter New Yorker Bulle John McLane in der *Die Hard-Trilogie* (1988, 1990, 1995; dt. *Stirb langsam*) oder Sylvester Stallone und Kurt Russell als Supercops Tango und Cash in der gleichnamigen Pyrotechnik-Orgie aus dem Jahr 1990 sind um keinen Deut langsamer, zimperlicher oder weniger schlagkräftig als James Bond, ganz zu schweigen von so einer gnadenlosen Killermaschine wie Arnold Schwarzenegger in *Raw Deal* (1986, dt. *Der City-Hai*, in Konkurrenz zu Sylvester Stallones *City-Kobra* aus demselben Jahr). Mit den 454er Magnums, die diesen muskelbepackten Hünen verdammt locker sitzen, kann ein 007 mit den eher kleinkalibrigen Berettas und Walther PPKs kaum mehr mithalten. Ein anderer Superheld, Mad Max (Mel Gibson), der mit *Lethal Weapon* (1987, dt. *Zwei stahlharte Profis*) und den beiden Fortsetzungen sehr erfolgreich war, wurde von einigen Illustrierten sogar als möglicher Ersatz für Timothy Dalton gehandelt.

The Game Must Go On

Dennoch: Der 007-Mythos mit seinen Ritualen übt nach wie vor eine gewaltige Attraktion auf Leser und Kinopublikum aus. Die beste doppelte Nullösung für so manches Problem ist nach wie vor die Doppelnull-Lösung, und darum wird 007 nach bestandenem Abenteuer noch oftmals wie bei John Gardner in dem Buch *Role of Honour* einen kurzen philosophischen Moment lang innehalten können:

»Bond ging in die Flughafenbar, um die Zeit bis zu seinem Aufruf mit einem großen Brandy zu überbrücken und um über das Vergangene und die Zukunft nachzudenken. Percy hatte recht gehabt: die Zeit mit ihr war die beste gewesen, aber nun rief die Arbeit, und Bond wußte, daß sie ihn immer wieder zu neuen Gefahren locken würde – und zu neuen, süßen Freuden.«

Exkurs: James Bond in der Werbung

James Bond trat anfangs vor allem als Werbeträger in eigener Sache auf, für Produkte, die das 007-Logo trugen. Das wohl bekannteste war eine Herrenserie von Colgate-Palmolive, deren Verkauf von 4711 unterbunden wurde, da diese Firma allein berechtigt ist, Parfümeriewaren zu verkaufen, deren Namen aus Zahlen oder Ziffern bestehen. In der Fernsehwerbung für das 007-Eau-de-toilette spielte ein Agentenkoffer à la *Goldfinger* die Hauptrolle, dessen Geheimfächer statt Messern oder Pistolen Pre- und Aftershave-Flaschen enthielten. Darüber hinaus gab es einen 007-Lippenstift von Ponds, James-Bond-Schuhe, -Socken, -Schlafanzüge und -Krawatten; Kinderbekleidung wurde mit dem Aufdruck »003½« versehen.

Jahre später warb die deutsche Stimme von Roger Moore für eine K-tel-Schallplatte mit den Titelsongs der 007-Filme, passend zum Film *Octopussy* brachte Seiko eine Reihe von Digitaluhren unter der Bezeichnung »Octopussy-Collection« auf den Markt, wie sie Roger Moore auch im Film trägt. Bald darauf wurden die Filme in Hörspielaufbereitungen auf Tonbandkassetten für Kinder als »action, die ins Ohr geht« verkauft, doch da war die Bond-Welle im Grunde schon verebbt.

In den sechziger Jahren war es – anders als heute – noch nicht üblich, zu jedem Kinofilm und jeder Fernsehserie das passende Begleitspielzeug auf den Markt zu bringen. Zwar gab es ein Modellauto zum Film *Batman* (1966, dt. *Batman hält die Welt in Atem*), das nach dem Kinovorbild mit einer aus dem Heck fahrenden Kreissäge Brücken hinter sich zerschneiden konnte, und zum Preis von 6,50 DM einen VW-Käfer aus der Vorabendserie *Funkstreife Isar 12*, doch das waren eher Ausnahmen als die Regel.

In großer Menge gab es dagegen von Anfang an James-Bond-Artikel zum Spielen. Die Firma Corgi-Toys verkaufte unter der Nr. 261 ein Modell des Aston Martin aus *Goldfinger*, das den Beifahrer durchs Dach katapultierte, wenn das Auto gegen ein Hindernis stieß; das Modell besaß außerdem ausfahrbare Maschinengewehre vorne und einen hochklappbaren Kugelschutz im Heck. Ein ähnliches, allerdings viel größeres und batteriebetriebenes Modell wurde in Japan hergestellt. (Zu sehen im Spielzeugmuseum in Trier.)

1977 gab es dann den Lotus Esprit aus *Der Spion, der mich liebte* als Spielzeug, und in letzter Zeit sind Action-Spielwaren auf den Markt gekommen aus einer Serie mit dem Titel *James Bond jr.* Dahinter verbergen sich Autos mit den bekannten Trickeinbauten, Fallschirmspringersets und ähnliches.

Bond war und ist jedoch nicht nur als Werbeträger in eigener Sache attraktiv, sondern auch für »Non-Bond-Produkte« wie den Nissan-Sportwagen ZX. Die TV-Werbung für dieses Fahrzeug bediente sich des Bond-Mythos auf geradezu parasitäre Weise: Der Roger Moore auf unverfrorene Weise nachgeklonte Agent ZX hat, um sich eine kühle Blonde zur Brust zu nehmen, die elektrischen Liegesitze in horizontale Position gefahren, als sich über den Monitor in der Konsole der Chef meldet und fragt, wo ZX denn stecke. »Ich bin liegengeblieben« ist die zweideutige Antwort. Der Frage, ob er Hilfe schicken solle, folgt ein Lob auf das effektive Servicenetz der Autofirma. In bester dramatischer Ironie und höchst zweideutig fragt der Chef abschließend, wann ZX »denn komme«. Statt einer Antwort unterbricht ZX die Verbindung.

Auch die deutsche Version bediente sich des Geheimagenten. Der Südwestfunk kleidete seine Öko-Spots zur Energieeinsparung in das Gewand von James-Bond-Parodien: »000 jagt Dr. Protz«. 000 ist darin ein Öko-Agent, der dem mit Rohstoffen und Energie verschwenderisch umspringenden Dr. Protz (»Was Protzilein braucht, das kriegt er«) auf den Fersen ist, ihn jedoch – aus Gründen der Serienkontinuität – nie zu fassen bekommt.

Vorzugsweise wird alles, was auf irgendeine Weise etwas anderes ist, als es zu sein vorgibt, mit dem Prädikat »James Bond« oder »007« belegt. Bestes Beispiel: »DM aktuell – Informationen für DM-Leser« Nr. 9 vom September 1992: Unter der Überschrift »Chronometer für James Bond« wird eine Uhr angepriesen, die unter dem aufklappbaren Zifferblatt eine multifunktionelle Datenbank versteckt: einen Kalender bis ins Jahr 2089, ein Telefonverzeichnis, ein Notizbuch, einen Terminplaner und einen achtstelligen Rechner – »James-Bond-Uhr für Käufer mit Fingerspitzengefühl«.

007 Filmographie

Titel	007	Regie	Jahr
Dr. No	Sean Connery	Terence Young	1962
Liebesgrüße aus Moskau	Sean Connery	Terence Young	1963
Goldfinger	Sean Connery	Guy Hamilton	1964
Feuerball	Sean Connery	Terence Young	1965
Man lebt nur zweimal	Sean Connery	Lewis Gilbert	1967
Im Geheimdienst Ihrer Majestät	George Lazenby	Peter Hunt	1969
Diamantenfieber	Sean Connery	Guy Hamilton	1971
Leben und sterben lassen	Roger Moore	Guy Hamilton	1973
Der Mann mit dem goldenen Colt	Roger Moore	Guy Hamilton	1974
Der Spion, der mich liebte	Roger Moore	Lewis Gilbert	1977
Moonraker – streng geheim	Roger Moore	Lewis Gilbert	1979
In tödlicher Mission	Roger Moore	John Glen	1981
Sag niemals nie	Sean Connery	Irvin Kershner	1982/83
Octopussy	Roger Moore	John Glen	1983
Im Angesicht des Todes	Roger Moore	John Glen	1985
Der Hauch des Todes	Timothy Dalton	John Glen	1987
Lizenz zum Töten	Timothy Dalton	John Glen	1989
Goldeneye	Pierce Brosnan	Martin Campbell	1995

Bibliographie

Primärliteratur

Ian Flemings Romane

Casino Royale (Casino Royale, 1953, Titel der amerikanischen Erstausgabe: Too Hot to Handle)
Frankfurt, Berlin, Wien 1960: Ullstein, Ullstein Buch 809, 173 S., Übersetzung: Günter Eichel
dass.: Frankfurt, Berlin, Wien 1980: Ullstein, Ullstein Krimi 10091
dass.: Frankfurt, Berlin, Wien 1982: Ullstein, Ullstein Krimi 10149
dass., in: Ian Fleming: Casino Royale, Leben und sterben lassen, Diamantenfieber, Frankfurt, Berlin, Wien 1986: Ullstein, Ullstein Krimi 10388
dass.: Bern, München 1992: Scherz, Übersetzung: Günter Eichel
dass.: Bern, München 1993: Scherz, Scherz Krimi 1402

Leben und sterben lassen (Live and Let Die, 1954)
Frankfurt, Berlin, Wien 1961: Ullstein, Ullstein Buch 822, 176 S., Übersetzung: Günter Eichel
dass.: Frankfurt, Berlin, Wien 1981: Ullstein, Ullstein Buch 10031
dass.: Frankfurt, Berlin, Wien 1982: Ullstein, Ullstein Buch 10149
dass., in: Ian Fleming: Casino Royale, Leben und sterben lassen, Diamantenfieber, Frankfurt, Berlin, Wien 1986: Ullstein, Ullstein Krimi 10388
dass.: Bern, München 1992: Scherz, Jubiläumsausgabe ohne Seriennummer, Übersetzung: Günter Eichel

133

dass.: Bern, München 1993: Scherz, Scherz Krimi 1411

MONDBLITZ (MOONRAKER, 1955)
Bern, München 1967: Scherz, Phoenix Schocker 20, 171 S.,
Übersetzung: Willy Thaler und Friedrich Polakovics
dass.: Bern, München 1976: 3. Aufl. 1979, Scherz, Scherz
Krimi 564
dass.: Bern, München 1989: Scherz, Scherz Krimi 1205

DIAMANTENFIEBER (DIAMONDS ARE FOREVER, 1956)
Frankfurt, Berlin, Wien 1960: Ullstein, Ullstein Krimi 792,
187 S., Übersetzung: Günter Eichel
dass.: Frankfurt, Berlin, Wien 1982: Ullstein, Ullstein Krimi
10149
dass., in: Ian Fleming: CASINO ROYALE, LEBEN UND STERBEN
LASSEN, DIAMANTENFIEBER, Frankfurt, Berlin, Wien 1986:
Ullstein, Ullstein Krimi 10388
dass.: Bern, München 1992: Scherz, Scherz Krimi 1374

LIEBESGRÜSSE AUS MOSKAU (FROM RUSSIA WITH LOVE, 1957)
Konstanz 1961: Humanitas, Blau-Gelb-Kriminalroman 49,
156 S., Übersetzung: Heinz Friedrich Kliem
dass.: Bern, München 1966, 2. Aufl. 1966: Scherz, 191 S.,
Übersetzung: Mechtild Sandberg
dass.: Bern, München 1966: Scherz, Phoenix Schocker 1,
185 S.
dass.: Bern, München 1975, 3. Aufl. 1979: Scherz, Scherz
Krimi 495
dass.: Gütersloh 1985: Buchgemeinschaftsausgabe, 190 S.,
Übersetzung: Mechtild Sandberg
dass.: Bern, München 1988: Scherz, Scherz Krimi 1159
dass.: Bern, München 1992: Scherz, Jubiläumsausgabe ohne
Seriennummer

JAMES BOND JAGT DR. NO (DR. NO, 1958)
Bern, München 1965: Scherz, 190 S., Übersetzung: Dieter
Heuler

dass.: Bern, München 1967: Scherz, Phoenix Schocker 17, 175 S.

dass.: Bern, München 1974: Scherz, Scherz Krimi 457

dass.: Hamburg 1976: Xenos-Verlagsgesellschaft, Xenos Agenten-Thriller 3, 160 S., Übersetzung: Dieter Heuler

dass.: Gütersloh 1985: Bertelsmann-Lesering, 190 S., Übersetzung: Dieter Heuler

dass.: Bern, München 1989: Scherz, Scherz Krimi 1212

dass. unter dem Titel: DR. NO, Bern, München 1992: Scherz Jubiläumsausgabe ohne Seriennummer

JAMES BOND CONTRA GOLDFINGER (GOLDFINGER, 1959)
Bern, München 1965: Scherz, 192 S., Übersetzung: Willy Thaler und Friedrich Polakovics

dass.: Bern, München 1967: Scherz, Phoenix Schocker 28, 170 S.

dass. unter dem Titel: GOLDFINGER, Bern, München 1977, 3. Aufl. 1978: Scherz, Scherz action Krimi 595

dass.: Bern, München 1984: Scherz, Scherz Krimi 982

dass.: Gütersloh 1986: Buchgemeinschaftsausgabe, 190 S., Übersetzung Willy Thaler und Friedrich Polakovics

dass.: Bern, München 1992: Scherz, Jubiläumsausgabe ohne Seriennummer

JAMES BOND UND DIE AKTION FEUERBALL (THUNDERBALL, 1961)
Bern, München 1965: Scherz, 191 S., Übersetzung: Willy Thaler

dass.: Bern, München 1967: Scherz, Phoenix Schocker 30, 175 S.

dass. unter dem Titel: FEUERBALL, Bern, München 2. Aufl. 1973: Scherz, Scherz Krimi 30

dass.: Bern, München 1979: Scherz, Scherz Krimi 707

dass. unter dem Titel: SAG NIEMALS NIE. AKTION FEUER-BALL, Bern, München 1984, Scherz, Scherz Krimi 954

dass. unter dem Titel: FEUERBALL, München 1986: Wilhelm-Heyne, Heyne Jubiläumsband 18, Übersetzung: Willy Thaler

dass. unter dem Titel: SAG NIEMALS NIE. AKTION FEUER-BALL, Bern, München 1992: Scherz, Jubiläumsausgabe ohne Seriennummer

DER SPION, DER MICH LIEBTE (THE SPY WHO LOVED ME, 1962) Bern, München 1966: Scherz, Phoenix Schocker 6, 125 S., Übersetzung Mechtild Sandberg

dass.: Bern, München 1975: 3. Aufl. 1978: Scherz, Scherz Krimi 504

dass.: Klagenfurt 1983: Kaiser, Kaiser Krimi 014, Übersetzung: Mechtild Sandberg

dass.: Bern, München 1989: Scherz, Scherz Krimi 1229

JAMES BOND UND SEIN GEFÄHRLICHSTER AUFTRAG (IN HER MAJESTY'S SECRET SERVICE, 1963) Bern, München 1966: Scherz, 191 S., Übersetzung: Lola Humm-Sernau

dass.: Bern, München 1966: Scherz, Phoenix Schocker 11, 128 S.

dass., in: Ian Fleming, 3 × IM GEHEIMDIENST: IM GEHEIM-DIENST IHRER MAJESTÄT, DER MANN MIT DEM GOLDENEN COLT, DU LEBST NUR ZWEIMAL, Bern, München 1970: Scherz, Phoenix

dass. unter dem Titel: IM DIENST IHRER MAJESTÄT, Bern, München 1976, 7. Aufl. 1980: Scherz, Scherz Krimi 555, 128 S.

dass.: Hamburg 1976: Xenos-Verlagsgesellschaft, Xenos Agenten-Thriller 4, 160 S., Übersetzung: Lola Humm-Sernau

dass.: Bern, München 1983: Scherz, Scherz Krimi 929, 128 S.

007 JAMES BOND REITET DEN TIGER (YOU ONLY LIVE TWICE, 1964)
Bern, München 1966: Scherz, 188 S., Übersetzung: Dieter Heuler
dass.: Bern, München 1967: Scherz, Phoenix Schocker 14, 155 S.
dass. unter dem Titel DU LEBST NUR ZWEIMAL in: Ian Fleming: 3 × IM GEHEIMDIENST IHRER MAJESTÄT, DER MANN MIT DEM GOLDENEN COLT, DU LEBST NUR ZWEIMAL, Bern, München 1970: Scherz, Phoenix
dass.: Bern, München 1977: Scherz, Scherz Krimi 586
dass.: Bern, München 1981: Scherz, Scherz Krimi 828
dass.: Klagenfurt 1983: Kaiser, Kaiser Krimi 015, 155 S., Übersetzung: Dieter Heuler
dass.: Bern, München 1990: Scherz, Scherz Krimi 1274

JAMES BOND UND DER MANN MIT DEM GOLDENEN COLT (THE MAN WITH THE GOLDEN GUN, 1965)
Bern, München 1966: Scherz, 188 S., Übersetzung: Willy Thaler
dass.: Bern, München 1968: Scherz, Phoenix Schocker 39, 141 S.
dass., in: Ian Fleming: 3 × IM GEHEIMDIENST: IM GEHEIMDIENST IHRER MAJESTÄT, DER MANN MIT DEM GOLDENEN COLT, DU LEBST NUR ZWEIMAL, Bern, München 1970: Scherz, Phoenix
dass. unter dem Titel: DER MANN MIT DEM GOLDENEN COLT, Bern, München 4. Aufl. 1979, 5. Aufl. 1982: Scherz, Scherz Krimi 862, 188 S.
dass.: München 1988: Wilhelm Heyne, Heyne Jubiläumsband 28, Übersetzung: Willy Thaler
dass. unter dem Titel JAMES BOND UND DER GOLDENE COLT, Bern, München 1991: Scherz, Scherz Krimi 1332

Ian Flemings Kurzgeschichten

FÜR SIE PERSÖNLICH (FOR YOUR EYES ONLY, 1960)
in: RISKANTE GESCHÄFTE, Bern, München 1968: Scherz, Phoenix Schocker 43, S. 7–41
in: DUELL MIT DOPPELTEM EINSATZ, Klagenfurt 1972, Buch und Welt, Kaiser
in: RISKANTE GESCHÄFTE, Bern, München 1974, 2. Aufl. 1979: Scherz, Scherz Krimi 466, S. 7–41
in: JAMES BOND UND DER STUMME ZEUGE, Hamburg 1978: Xenos, Xenos Krimi 60
in: DUELL MIT DOPPELTEM EINSATZ, Klagenfurt 1980, Kaiser, Kaiser Krimi 1
in: OCTOPUSSY UND ANDERE RISKANTE GESCHÄFTE, Bern, München 1983: Scherz, Scherz Krimi 914, 1983, S. 7–41

DIE HILDEBRANDT RARITÄT (THE HILDEBRANDT RARITY, 1960)
in: TOD IM RÜCKSPIEGEL, Bern, München 1967: Scherz, Phoenix Schocker 24, S. 88–129
in: DUELL MIT DOPPELTEM EINSATZ, Klagenfurt 1972, Buch und Welt, Kaiser
in: TOD IM RÜCKSPIEGEL, Bern, München 1976: Scherz, Scherz Krimi 571, S. 88–129
in: DUELL MIT DOPPELTEM EINSATZ, Klagenfurt 1980, Kaiser, Kaiser Krimi 1
in: IM ANGESICHT DES TODES, Bern, München 1985: Scherz, Scherz Krimi 1018, S. 88–129
in: DER HAUCH DES TODES, Bern, München 1987: Scherz, Scherz Krimi 1126, S. 88–129
in: DER HAUCH DES TODES, Bern, München 1992: Scherz, Jubiläums-Ausgabe ohne Seriennummer, S. 88–129

DUELL MIT DOPPELTEM EINSATZ (THE LIVING DAYLIGHTS, 1960)

in: TOD IM RÜCKSPIEGEL, Bern, München 1967: Scherz, Phoenix Schocker 24, S. 62–87

in: DUELL MIT DOPPELTEM EINSATZ, Klagenfurt 1972, Buch und Welt, Kaiser

in: TOD IM RÜCKSPIEGEL, Bern, München 1976: Scherz, Scherz Krimi 571, S. 62–87

in: DUELL MIT DOPPELTEM EINSATZ, Klagenfurt 1980, Kaiser, Kaiser Krimi 1

in: IM ANGESICHT DES TODES, Bern, München 1985: Scherz, Scherz Krimi 1018, S. 62–87

in: DER HAUCH DES TODES, Bern, München 1987: Scherz, Scherz Krimi 1126, S. 62–87

in: DER HAUCH DES TODES, Bern, München 1992: Scherz, Jubiläums-Ausgabe ohne Seriennummer, S. 62–87

DER STUMME ZEUGE/OCTOPUSSY (OCTOPUSSY, 1960)

in: RISKANTE GESCHÄFTE, Bern, München 1968: Scherz, Phoenix Schocker 43, S. 93–123

in: TOD IM RÜCKSPIEGEL, Klagenfurt 1972, Buch und Welt, Kaiser

in: RISKANTE GESCHÄFTE, Bern, München 1974, 2. Aufl. 1979: Scherz, Scherz Krimi 466, S. 93–123

in: JAMES BOND UND DER STUMME ZEUGE, Hamburg 1978: Xenos-Verlagsgesellschaft, Xenos Krimi 60

in: TOD IM RÜCKSPIEGEL, Klagenfurt 1980, Kaiser, Kaiser Krimi 14

in: OCTOPUSSY UND ANDERE RISKANTE GESCHÄFTE, Bern, München 1983: Scherz, Scherz Krimi 914, S. 93–123

GLOBUS MEISTBIETEND ZU VERSTEIGERN (PROPERTY OF A LADY, 1960)

in: TOD IM RÜCKSPIEGEL, Klagenfurt 1972, Buch und Welt, Kaiser

in: TOD IM RÜCKSPIEGEL, Bern, München 1976: Scherz, Scherz Krimi 571, S. 36–61

in: TOD IM RÜCKSPIEGEL, Klagenfurt 1980, Kaiser, Kaiser Krimi 14
in: IM ANGESICHT DES TODES, Bern, München 1985: Scherz, Scherz Krimi 1018, S. 36–61
in: DER HAUCH DES TODES, Bern, München 1987: Scherz, Scherz Krimi 1126, S. 36–61
in: DER HAUCH DES TODES, Bern, München 1992: Scherz, Jubiläums-Ausgabe ohne Seriennummer, S. 36–61

EIN MINIMUM AN TROST (A QUANTUM OF SOLACE, 1960)
in: RISKANTE GESCHÄFTE, Bern, München 1968: Scherz, Phoenix Schocker 43, S. 73–92
in: DUELL MIT DOPPELTEM EINSATZ, Klagenfurt 1972, Buch und Welt, Kaiser
in: RISKANTE GESCHÄFTE, Bern, München 1974, 2. Aufl. 1979: Scherz, Scherz Krimi 466, S. 73–92
in: JAMES BOND UND DER STUMME ZEUGE, Hamburg 1978: Xenos Verlagsgesellschaft, Xenos Krimi 60
in: DUELL MIT DOPPELTEM EINSATZ, Klagenfurt 1980, Kaiser, Kaiser Krimi 1
in: OCTOPUSSY UND ANDERE RISKANTE GESCHÄFTE, Bern, München 1983: Scherz, Scherz Krimi 914, S. 73–92

RISKANTE GESCHÄFTE (RISICO, 1960)
in: RISKANTE GESCHÄFTE, Bern, München 1968: Scherz, Phoenix Schocker 43, S. 42–72
in: TOD IM RÜCKSPIEGEL, Klagenfurt 1972, Buch und Welt, Kaiser
in: RISKANTE GESCHÄFTE, Bern, München 1974, 2. Aufl. 1979: Scherz, Scherz Krimi 466, S. 42–72
in: JAMES BOND UND DER STUMME ZEUGE, Hamburg 1978: Xenos-Verlagsgesellschaft, Xenos Krimi 60
in: TOD IM RÜCKSPIEGEL, Klagenfurt 1980, Kaiser Krimi 14
in: OCTOPUSSY UND ANDERE RISKANTE GESCHÄFTE, Bern, München 1983: Scherz, Scherz Krimi 914, S. 42–72

TOD IM RÜCKSPIEGEL (A VIEW TO KILL, 1960)
in: TOD IM RÜCKSPIEGEL, Klagenfurt 1972, Buch und Welt, Kaiser
in: TOD IM RÜCKSPIEGEL, Bern, München 1976: Scherz, Scherz Krimi 571, S. 7–35
in: TOD IM RÜCKSPIEGEL, Klagenfurt 1980, Kaiser, Kaiser Krimi 14
in: IM ANGESICHT DES TODES, Bern, München 1985: Scherz, Scherz Krimi 1018, S. 7–35
in: DER HAUCH DES TODES, Bern, München 1987: Scherz, Scherz Krimi 1126, S. 7–35
in: DER HAUCH DES TODES, Bern, München 1992: Scherz, Jubiläums-Ausgabe ohne Seriennummer, S. 7–35

Ian Flemings Kurzgeschichtensammlungen

RISKANTE GESCHÄFTE (Risico, 1960)
Bern, München 1968: Scherz, Phoenix Schocker 43, 123 S., Übersetzung: Willy Thaler, Friedrich Polakovics und Norbert Wölfli
Enthält: Für Sie persönlich (For Your Eyes Only); Riskante Geschäfte (Risico); Ein Minimum an Trost (A Quantum of Solace); Der stumme Zeuge (Octopussy)
dass.: Bern, München 1974: 2. Aufl. 1979: Scherz, Scherz Krimi 466
dass. unter dem Titel: JAMES BOND UND DER STUMME ZEUGE
Hamburg 1978: Xenos-Verlagsgesellschaft, Xenos Krimi 60, Übersetzung: Willy Thaler, Friedrich Polakovics und Norbert Wölfli
dass. unter dem Titel OCTOPUSSY UND ANDERE RISKANTE GESCHÄFTE
Bern, München 1983: Scherz, Scherz action Krimi 914

TOD IM RÜCKSPIEGEL (A View to Kill, 1960)

Bern, München 1967: Scherz, Phoenix Schocker 24, 127 S.,
Übersetzung: Willy Thaler, Friedrich Polakovics, Norbert
Wölfli, Maria Meinert
Enthält: Tod im Rückspiegel (A View to Kill); Globus –
meistbietend zu versteigern (Property of a Lady); Duell
mit doppeltem Einsatz (The Living Daylights); Die Hildebrandt Rarität (The Hildebrandt Rarity).
dass.: Bern, München 1976: Scherz, Scherz Krimi 571.

IM ANGESICHT DES TODES
Bern, München 1985: Scherz, Scherz action Krimi 1018
dass.: Bern, München 1994: Scherz, Scherz Krimi 1457
dass. unter dem Titel: DER HAUCH DES TODES, Bern, München 1987: Scherz, Scherz Krimi 1126
dass.: Bern, München 1992: Scherz, Jubiläums-Ausgabe
ohne Seriennummer
dass.: Bern, München 1993: Scherz, Scherz Krimi 1429

TOD IM RÜCKSPIEGEL (Originalzusammenstellung)
Klagenfurt 1972: Buch und Welt, Kaiser, 127 S.
Enthält: Tod im Rückspiegel, Globus – meistbietend zu
versteigern, Risiko, Der stumme Zeuge, Übersetzung:
Willy Thaler, Friedrich Polakovics und Norbert Wölfli
dass.: Klagenfurt 1980: Kaiser, Kaiser Krimi 14, 127 S.

DUELL MIT DOPPELTEM EINSATZ (Originalzusammenstel-
lung)
Klagenfurt 1972: Buch und Welt, Kaiser, 127 S.
Enthält: Duell mit doppeltem Einsatz, Für Sie persönlich,
Ein Minimum an Trost, Die Hildebrandt-Rarität, Über-
setzung: Willy Thaler, Friedrich Polakovics und Norbert
Wölfli
dass.: Klagenfurt 1980: Kaiser, Kaiser Krimi 1, 127 S.

Ian Flemings Sammel- und Werkauswahlbände

JAMES BOND UND DIE AKTION FEUERBALL/007 CONTRA GOLDFINGER/LIEBESGRÜSSE AUS MOSKAU
Bern, München 1968: Scherz, Phoenix, 476 S. Übersetzung: Willy Thaler, Friedrich Polakovics, Mechtild Sandberg
dass.: Stuttgart, Hamburg 1969: Deutscher Bücherbund, 476 S., Übersetzung: Willy Thaler, Friedrich Polakovics, Mechtild Sandberg

IM GEHEIMDIENST IHRER MAJESTÄT, DER MANN MIT DEM GOLDENEN COLT, DU LEBST NUR ZWEIMAL
Stuttgart, Hamburg 1969: Deutscher Bücherbund, 511 S., Übersetzung: Lola Humm-Sernau, Willy Thaler, Dieter Heuler
dass. unter dem Titel: 3 × IM GEHEIMDIENST: IM GEHEIMDIENST IHRER MAJESTÄT, DER MANN MIT DEM GOLDENEN COLT, DU LEBST NUR ZWEIMAL
Bern, München 1970: Scherz, Phoenix, 511 S., Übersetzung: Lola Humm-Sernau, Willy Thaler, Dieter Heuler

CASINO ROYALE/LEBEN UND STERBEN LASSEN/DIAMANTENFIEBER.
Frankfurt am Main, Wien, Zürich 1965: Büchergilde Gutenberg, 502 S., Übersetzung: Günter Eichel
dass.: Zürich 1966: Bücherclub Ex Libris, 502 S., Übersetzung: Günter Eichel
dass.: Frankfurt, Berlin, Wien 1982: Ullstein, Ullstein Krimi 10149, 186, 172, 175 S., Übersetzung: Günter Eichel
dass.: Frankfurt, Berlin, Wien 1986: Ullstein, Ullstein Krimi 10388, 186, 172, 175 S.

007 JAMES BOND GREIFT EIN/FÜNF SPEZIALAUFTRÄGE (Originalzusammenstellung)

Bern, München 1965: Scherz, 191 S., Übersetzung: Willy Thaler und Friedrich Polakovics

CASINO ROYALE/DIAMANTENFIEBER. 2 KRIMINALROMANE IN EINEM BAND
Wien 1967: Buchgemeinschaft Donauland, 381 S., Übersetzung: Günter Eichel

JAMES BOND JAGT DR. NO/MONDBLITZ/DU LEBST NUR ZWEIMAL
Gütersloh, Stuttgart, Wien 1969: Bertelsmann Lesering, Europäischer Buch- und Phonoclub, Buchgemeinschaft Donauland, 475 S., Übersetzung: Dieter Heuler, Willy Thaler, Friedrich Polakovics.

GOLDFINGER/IM DIENSTE IHRER MAJESTÄT/DU LEBST NUR ZWEIMAL
Köln 1973: Lingen, 175 S., Übersetzung: Willy Thaler, Friedrich Polakovics, Dieter Heuler

JUBILÄUMS-AUSGABE DES SCHERZ VERLAGES 1992 in zehn Einzelbänden
Enthält: CASINO ROYALE, LEBEN UND STERBEN LASSEN, SAG NIEMALS NIE (d. i. FEUERBALL), DR. NO, GOLDFINGER, LIEBESGRÜSSE AUS MOSKAU, DER HAUCH DES TODES sowie Robert Markham (d. i. Kingsley Amis): LIEBESGRÜSSE AUS ATHEN; John Gardner: COUNTDOWN FÜR DIE EWIGKEIT, MOMENT MAL, MR. BOND

Kingsley Amis

007 JAMES BOND: AUF DER GRIECHISCHEN SPUR (COLONEL SUN, 1968)
Bern, München 1969: Scherz, Phoenix Schocker 53, 160 S., Übersetzung: Norbert Wölfli
dass. unter dem Titel: LIEBESGRÜSSE AUS ATHEN

Bern, München 1978: Scherz, Scherz Krimi 646 (Auf den Umschlägen dieser beiden Ausgaben ist fälschlicherweise Ian Fleming als Autor genannt)
dass. unter dem Titel: 007 JAMES BOND: AUF DER GRIECHISCHEN SPUR
in: SPIONE (Originalzusammenstellung), München 1987: Wilhelm Heyne, Jahrbuch 23, Übersetzung: Norbert Wölfli (auch hier firmiert Ian Fleming als Autor)
dass. unter dem Titel: LIEBESGRÜSSE AUS ATHEN
Bern, München 5. Aufl. 1991: Scherz, Scherz Krimi 1308
Bern, München 1992: Scherz, Jubiläumsausgabe

John Pearson

JAMES BOND. THE AUTHORIZED BIOGRAPHY OF 007.
London 1973: Sidgwick & Jackson, 317 S.

Christopher Wood

JAMES BOND UND SEIN GRÖSSTER FALL (THE SPY WHO LOVED ME, 1977)
München 1979: Goldmann, Goldmann Taschenbuch 1978, 186 S., Übersetzung: Ernst Hayda
MOONRAKER – STRENG GEHEIM (MOONRAKER, 1979)
München 1979: Goldmann, Goldmann Taschenbuch 3888, 224 S., Übersetzung: Tony Westermayr

John Gardner

COUNTDOWN FÜR DIE EWIGKEIT (LICENCE RENEWED, 1981)
Düsseldorf 1983: Marion von Schrödel, Übersetzung: Mechtild Sandberg

dass.: Bern, München 1983: Scherz, Scherz Krimi 885, 157 S., Übersetzung: Mechtild Sandberg
dass.: Bern, München 1987: Scherz, Scherz Krimi 1091, 157 S.
dass.: Bern, München 1992: Scherz, Jubiläumsausgabe ohne Seriennummer, 157 S.

MOMENT MAL, MR. BOND (FOR SPECIAL SERVICES, 1982)
Düsseldorf 1984: Marion von Schrödel, 283 S. Übersetzung: Ilka Paradis
dass.: München 1986: Wilhelm Heyne, Heyne 01/6620, Übersetzung: Ilka Paradis
dass., in: MOMENT MAL, MR. BOND, OPERATION EISBRECHER, DIE EHRE DES MR. BOND.
München 1989: Wilhelm Heyne, Heyne 23/46, 700 S.
dass.: München 1990: Wilhelm Heyne, Heyne 23/46, 700 S.

OPERATION EISBRECHER (ICEBREAKER, 1983)
München 1986: Wilhelm Heyne, Heyne 01/6695, Übersetzung: Wulf Bergner
dass., in: MOMENT MAL, MR. BOND, DIE EHRE DES MR. BOND, OPERATION EISBRECHER
München 1989: Wilhelm Heyne, Heyne 23/46, 700 S.
dass.: München 1990: Wilhelm Heyne, Heyne 23/46, 700 S.

DIE EHRE DES MR. BOND (ROLE OF HONOUR, 1984)
München 1987: Wilhelm Heyne, Heyne 01/6789,
dass., in: MOMENT MAL, MR. BOND, DIE EHRE DES MR. BOND, OPERATION EISBRECHER, Übersetzung: Wulf Bergner
München 1989: Wilhelm Heyne, Heyne 23/46, 700 S.
dass.: München 1990: Wilhelm Heyne, Heyne 23/46, 700 S.

NIEMAND LEBT FÜR IMMER (NOBODY LIVES FOREVER, 1986)
München 1987: Wilhelm Heyne, Heyne 01/6891, 220 S., Übersetzung: Jürgen Langowski

Nichts geht mehr, Mr. Bond (No Deals, Mr. Bond, 1987)
München 1988: Wilhelm Heyne, Heyne 01/7713, Übersetzung: Hilde Linnert

Scorpius (Scorpius, 1988)
München 1990: Wilhelm Heyne, Heyne 01/8033, 317 S., Übersetzung Hartmut Huff

Lizenz zum Töten (Licence to Kill, 1989)
München 1989: Wilhelm Heyne, Heyne 01/6996, 250 S., Übersetzung: Uta McKechneay.

Sieg oder stirb, Mr. Bond (Win, Lose or Die, 1989)
München 1991: Wilhelm Heyne, Heyne 01/8246, 286 S., Übersetzung: Hartmut Huff

Fahr zur Hölle, Mr. Bond (Brokenclaw, 1990)
München 1992: Wilhelm Heyne, Heyne 01/8606, 283 S., Übersetzung: Katharina Jonas

Manfred Tauts Parodien

James Bomb 006 jagt Graf Dracs, Rastatt 1986: Moewig, Moewig Satire 4845, 160 S.

James Bomb 006 jagt das geklonte Monster, Rastatt 1986: Moewig, Moewig Satire 4855, 160 S.

James Bomb jagt Queen Kong, Rastatt 1987: Moewig, Moewig Satire 4863, 160 S.

James Bomb 006 jagt die Zombies, Rastatt 1987: Moewig, Moewig Satire 4871, 159 S.

JAMES BOMB 006 JAGT DEN PATEN, Rastatt 1988: Moewig, Moewig Satire 4884, 160 S.

COMICS

Mike Grell (Text und Zeichnungen), **Permission to Die,** Forestville (USA), London 1989: Eclipse Comics und Acme Press

Frederico Maidagan (Zeichnungen), Jack Sutter (Story), **Octopussy. Der spannende Action-Comic zum Film.** Reinbek bei Hamburg 1983: Semic Verlag

Doug Moench/Paul Gulacy (Text/Illustrationen), **James Bond 007: Serpent's Tooth,** 3 Bände, Milwaukee, London 1992: Acme Comics; deutsche Ausgabe: **Der Zahn der Schlange/Blut in Eden,** Stuttgart 1993, 1994: Ehapa Verlag (Ehapa Comic Collection)

Tacconi/Castelli, **Die Gentlemen GmbH: James Bond backt kleine Brötchen,** in: ZACK-Parade 8, Berlin, Hamburg 1974: Koralle-Verlag, S. 163–192

Uderzo (Text und Zeichnungen), **Asterix und Obelix: Die Odyssee.** Stuttgart 1982: Ehapa-Verlag

Ferner diverse gezeichnete Film-Parodien im deutschen MAD

Sekundärliteratur

Periodika

Detlef Berthelsen: **Das geheimnisvolle Leben des wahren James Bond. Der Mann, der 007 war: Ivar Bryce, Muster von Ian Flemings Meisterspion,** in: *Darmstädter Echo* vom 12. 7. 1985

Hans Christoph Buch: **James Bond oder: Der Kleinbürger in Waffen,** in: *Der Monat,* Jg. 17., Heft 203, 1964/65, S. 39–49.

Martin Buchholz: **James Bond, oder die Schule für Sadisten,** in: *Konkret* 1/1966

Eric Burgess: **The Making of ›Moonraker‹,** in: *The New Scientist,* Vol. 82, 1979, Nr. 1160, S. 984–987

Siegfried Helm/Paul F. Reitze: **Mythen muß man melken. Die literarische Leichenfledderei macht Schule,** in: *Die Welt* vom 14. 9. 1991, S. 23 (über John Gardner u. a.)

Walter Holstein: **007 James Bond – Ein Übermensch, der keiner ist,** in: *Die Zukunft,* Wien, Heft 13–14, 1964, S. 555–557

Wolfram Knorr: **Eine Art Held: unbesiegt, nicht unbesiegbar (. . .) Wie hält's die prominente Kultfigur des englischen Autors Ian Fleming mit der politischen Wirklichkeit?** in: *Weltwoche-Magazin,* Zürich, Nr. 32, 5. 8. 1981, S. 26–29

Drew Moniot: James Bond and America in the Sixties. An Investigation of the Formula Film in Popular Culture, in: *Journal of the University Film Association,* Philadelphia, XXVIII, Heft 3, Sommer 1976, S. 25–33.

S. Moshnjagun: **»Bondiana« kak fenomen »massowoj kultury«** *(»Bondiana« als Phänomen der »Massenkultur«),* in: *Iskusstwo Kino* 11, 1973, S. 146–160

149

Peter Murton: Gimmicks in Bond, in: *The Journal of the Society of Film and Television Arts,* London, Nr. 24, Sommer 1966

N.N.: **Bonds bessere Hälfte,** in: *Auto-Bild* 43, 19. 10. 1992, S. 102–106 (über den Aston Martin DB 5 aus *Goldfinger*)

N.N.: **Fleming: Im Dienste Ihrer Majestät,** in: *Der Spiegel* 9, 1964, S. 68–72

N.N.: **»Laster: trinkt, aber nicht exzessiv, und Frauen«. SPIEGEL-Report über James Bond, Bonditis und Bondomanie,** in: *Der Spiegel* 42, 1965

N.N.: **Merchandising. The Bond Market** (Merchandising: Der Bond-Markt), in: *Time* vom 26. 2. 1965, S. 92

N.N.: **007: Wer ist James Bond?,** in: *Civis. Magazin für Kultur und Politik,* 12. Jg., Heft 130, 1. 2. 1966. S. 21–24

Norbert Neiniger: **Wie der britische Geheimdienst mit Hilfe von IWC-Uhren seinen Agentenring finanzierte. Eine Geschichte aus dem Kalten Krieg,** in: *International Watch. Uhrenzeitung der IWC International Watch Co.,* Schaffhausen/Schweiz, Nr. 2, Mai 1992. S. 15–17

Dieter Rudloff: **James Bond – Heros des Atomzeitalters,** in: *Die Kommenden. Unabhängige Zeitschrift für freies Geistesleben,* Freiburg 1967, Jg. 21, Heft 9, S. 18–20; Heft 10, S. 9–10; Heft 11, S. 5–7; Heft 12, S. 21–22; Heft 13, S. 23–28

Jochen Schmidt: **Werden auch Agenten alt?** (Rezension von *Moment mal, Mr. Bond*), in: *Frankfurter Allgemeine Zeitung* vom 14. 11. 1984

John R. Snyder: **The Spy Story as a Modern Tragedy,** in: *Literature/Film Quarterly,* Salesbury, Nr. 3, Sommer 1977, S. 216–234

Bücher

Kingsley Amis: **Geheimakte 007 James Bond (The James Bond Dossier),** Frankfurt, Berlin 1965: Ullstein, Ullstein Taschenbuch 550. U.d.T.: **Geheimakte 007. Die Welt des James Bond,** Ullstein Taschenbuch 36526

Nur für Bond-Freunde. Die Personalakte James Bond geprüft von Ian Fleming, Sean Connery, Georges Simenon u. a. (For Bond Lovers Only), München 1966: Heyne, Heyne Taschenbuch 410

Oreste del Buono, Umberto Eco (Hg.): **Der Fall James Bond. 007 – Ein Phänomen unserer Zeit.** (Il caso Bond. Le origini, la natura, gli effetti del fenomeno 007), München 1966: Deutscher Taschenbuch Verlag, dtv 360

Michael Feeny Callan: **Sean Connery, Seine Filme – sein Leben,** München 1984: Wilhelm Heyne-Verlag, Heyne 02/74 (diese Auflage endet mit **Sag niemals nie**)

Mario Cortesi: **James Bond, Belmondo & Co. Der europäische Film,** Neuenburg 1983: Avanti Verlag

Sally Hibbin: **The New Official James Bond 007 Movie Book,** London 1989: The Hamlyn Publishing Group Limited (Enthält ausführliche, reich bebilderte Dossiers aller James-Bond-Filme bis *Lizenz zum Töten,* mit Ausnahme der nicht von EON Productions hergestellten Filme *Casino Royale* und *Sag niemals nie*)

Erich Kocian: **Die James Bond-Filme,** München 1982: Heyne, Heyne Filmbibliothek 44 [Sehr persönliche Berichte eines Augenzeugen der Dreharbeiten]

David Anthony Kraft: **David Anthony Kraft's Comics Interview,** New York 1989: Fictioneer Books [Darin instruktive Interviews mit den James-Bond-Comic-Autoren Jim Lawrence und Mike Grell]

Hans-Joachim Neumann: **James Bond,** in: *Lexikon des phantastischen Films, Teil 3 (Themen/Aspekte).* Meitingen: Corian-Verlag, 5. Nachlieferung 1987

John Pearson: **James Bond. The Authorized Biography of 007,** London 1973: Sidgwick & Jackson [literarisches Scherzo mit kleinen Kurzthrillern als Dreingabe]

John Pearson: **The Life of Ian Fleming,** London 1966: Jonathan Cape [Biographie in bester klassisch-britischer Manier, Vorlage für den Film *Der Mann, der James Bond war* (1989)]

Michael Scheingraber: **Die James-Bond-Filme,** München 2. Aufl. 1980: Goldmann, Goldmann Magnum Citatel Film-Bücher 10203 [Endet mit der Besprechung von *In tödlicher Mission*]

Georg Seeßlen: **James Bond,** in: Georg Seeßlen, Bernd Kling (Hg.): *Unterhaltung. Lexikon zur populären Kultur,* Bd. 1., Reinbek bei Hamburg 1977: Rowohlt, rororo 6209, S. 261–264

Klaus-Peter Walter (Hg.): **Lexikon der Kriminalliteratur,** Meitingen 1993 ff.: Corian-Verlag [Loseblatt-Lexikon; enthält Werkartikel zu sämtlichen James-Bond-Romanen von Ian Fleming, Kingsley Amis, Christopher Wood und John Gardner sowie zu den Parodien von Manfred Taut]

Heinrich Wimmer/Norbert Stresau (Hg.): **Enzyklopädie des phantastischen Films,** Meitingen 1986 ff.: Corian-Verlag. [Loseblatt-Lexikon; bespricht sämtliche James-Bond-Filme in Einzelanalyse und -darstellung]

Audiovisuelle Medien

Filme

Casino Royale (USA 1954). Länge: ca. 60 Minuten.
Hergestellt für das CBS-Programm Climax Mystery Theater. Buch, Regie, Musik etc.: N. N. Darsteller: Barry Nelson (James Bond), Peter Lorre (Le Chiffre), Linda Christian

Dr. No (1962) [James Bond jagt Dr. No]. Länge: 109 Minuten.
Produktion: Harry Saltzman, Albert A. Broccoli. Produktionsgesellschaft: Eon-Productions. Verleih: United Artists. Drehbuch: Richard Maibaum, Johanna Harwood, Berkely Mather. Regie: Terence Young. Kamera: Ted Moore. Schnitt: Peter Hunt. Bauten: Ken Adam. Art Director: Syd Cain. Spezialeffekte: Frank George. Stunts: Bob Simmons.
    Darsteller: Sean Connery (James Bond), Ursula Andress (Honeychile Ryder), Joseph Wiseman (Dr. No), Jack Lord (Felix Leiter), Bernard Lee (M), Lois Maxwell (Miss Moneypenny), Anthony Dawson, John Kitzmiller, Zena Marshall u. a.
    Musik: Monty Norman (Komposition), Burt Rhodes (Orchestrierung), Eric Rodgers (Dirigent), John Barry (Dirigent des »Jamens-Bond-Themas) von Monty Norman). Kinostart in Dtld.: 25. 1. 1963.

From Russia with Love (1963) [Liebesgrüße aus Moskau], Länge: 116 Minuten.
    Produktion: Harry Saltzman, Albert A. Broccoli. Produktionsgesellschaft: Eon-Productions. Verleih: United Artists. Drehbuch: Richard Maybaum, Johanna Harwood. Regie: Terence Young. Kamera: Ted Moore. Schnitt: Peter Hunt. Art Director: Syd Cain. Titel: Robert Brownjohn,

Trevor Bond. Stunts: Peter Perkins. Spezialeffekte: John Stears, Frank George.

Darsteller: Sean Connery (James Bond), Daniela Bianchi (Tatjana Romanowa), Pedro Armendariz (Kerim Bey), Lotte Lenya (Rosa Klebb), Robert Shaw (Red Grant), Bernard Lee (M), Lois Maxwell (Miss Moneypenny), Martine Beswick, Nadja Regin, Leila Guiraut u. a.

Musik: John Barry. Titelsong: Lionell Bart (Komposition), Matt Munro (Interpret). Kinostart in Dtld.: 14. 2. 1964

Goldfinger (1964) [Goldfinger]. Länge: 108 Minuten.

Produktion: Harry Saltzman, Albert A. Broccoli. Produktionsgesellschaft: Eon Productions. Verleih: United Artists. Drehbuch: Richard Maybaum, Paul Dehn. Regie: Guy Hamilton. Kamera: Ted Moore. Bauten: Ken Adam. Art Director: Peter Murton. Spezialeffekte: John Stears, Frank George. Stunts: Bob Simmons. Titel: Robert Brownjohn.

Darsteller: Sean Connery (James Bond), Honor Blackman (Pussy Galore), Gerd Fröbe (Auric Goldfinger), Harold Sakata (Oddjob), Bernard Lee (M), Lois Maxwell (Miss Moneypenny), Desmond Llewelyn (Q), Martin Benson, Austin Willis, Burt Kwouk, Hali Galili u. a.

Musik: John Barry. Titelsong: Lesley Bricusse (Text), Antony Newly (Komposition), Shirley Bassey (Interpretin). Kinostart in Dtld.: 14. 1. 1965.

Thunderball (1965) [Feuerball]. Länge: 129 Minuten.

Produktion: Harry Saltzman, Albert A. Broccoli. Produktionsgesellschaft: Eon Productions. Verleih: United Artists. Drehbuch: Richard Maibaum, John Hopkins, nach einer Originalstory von Kevin McClory, Jack Whittingham und Ian Fleming. Regie: Terence Young. Kamera: Ted Moore. Unterwasser-Kamera: Lamar Boren. Unterwasser-Regie: Ricou Browning. Unterwasserszenen: Ivan Tors.

Schnitt: Peter Hunt. Spezialeffekte: John Stears. Stunts: Bob Simmons. Bauten: Ken Adam. Art Director: Peter Murton. Titel: Maurice Binder.

Darsteller: Sean Connery (James Bond), Claudine Auger (Domino Vitali), Adolfo Celi (Emilio Largo), Bernard Lee (M), Lois Maxwell (Miss Moneypenny), Desmond Llewelyn (Q), Rik van Nutter (Felix Leiter), Roland Culver, Guy Doleman u.a. Musik: John Barry. Titelsong: John Barry (Komposition), Don Black (Text), Tom Jones (Interpret). Kinostart in Dtld.: 17. 12. 1965.

You Only Live Twice (1967) [Man lebt nur zweimal].
Länge: 110 Minuten.

Produktion: Harry Saltzman, Albert A. Broccoli. Produktionsgesellschaft: Eon-Productions. Drehbuch: Roald Dahl. Regie: Lewis Gilbert. Kamera: Freddy Young. Luftaufnahmen: John Jordan. Unterwasserkamera: Lamar Boren. Schnitt: Peter Hunt. Titel: Maurice Binder. Bauten: Ken Adam. Art Director: Harry Pottle. Spezialeffekte: John Stars. Stunts: Bob Simmons.

Darsteller: Sean Connery (James Bond), Akiko Wakabayashi (Aki), Tetsuro Tamba (Tiger Tanaka), Mie Hama (Kissy Suzuki), Karin Dor (Helga Brandt), Donald Pleasence (Ernst Stavro Bloefeld), Bernard Lee (M), Lois Maxwell (Miss Moneypenny), Desmond Llewelyn (Q), Charles Gray, Tsai Chin, Alexander Knox, Burt Kwouk u. a.

Musik: John Barry. Titelsong: John Barry (Komposition), Leslie Bricusse (Text), Nancy Sinatra (Interpretin). Kinostart in Dtld.: 14. 9. 1967.

In Her Majesty's Secret Service (1969) [Im Geheimdienst ihrer Majestät], Länge: 139 Minuten.

Produktion: Harry Saltzman, Albert A. Broccoli. Produktionsgesellschaft: Eon Productions. Drehbuch: Richard Maibaum. Regie: Peter Hint. Kamera: Michael Reed. Luftaufnahmen: John Jordan. Skiaufnahmen: Willy Bogner. Schnitt: John Glen. Bauten: Syd Cain. Art Director: Bob Laing. Titel: Maurice Binder. Spezialeffekte: John Stears. Stunts: George Leech.

Darsteller: George Lazenby (James Bond), Diana Rigg (Tracy Vincenzo), Telly Savalas (Ernst Stavro Blofeld), Gabriele Ferzetti (Draco), Ilse Steppat (Irma Bunt), Bernard Lee (M), Lois Maxwell (Miss Moneypenny), Desmond Llewelyn (Q), Angela Scoular, Catherin von Schell, George Baker u. a.

Musik: John Barry. Titelsong (»We Have All the Time in the World«): John Barry (Komposition), Hal David (Text), Louis Armstrong (Interpret). Kinostart in Dtld.: 19. 12. 1969.

Diamonds Are Forever (1971) [Diamantenfieber], Länge: 119 Minuten.

Produktion: Harry Saltzman, Albert A. Broccoli. Produktionsgesellschaft: Eon Productions. Verleih: United Artists. Drehbuch: Richard Maybaum, Tom Mankiewicz. Regie: Guy Hamilton. Kamera: Ted Moore. Schnitt: John W. Holmes, Bert Bates. Bauten: Ken Adam. Art Director: Jack Maxsted, Bill Kenney. Titel: Maurice Binder. Spezialeffekte: Leslie Hillman, Witey McMahon. Optische Spezialeffekte: Albert Whittlock, Wally Veevers. Stunts: Bob Simmons, Paul Baxley.

Darsteller: Sean Connery (James Bond), Jill St. John (Tiffany Case), Charles Gray (Ernst Stavro Blofeld), Bernard Lee (M), Lois Maxwell (Miss Moneypenny), Desmond Llewelyn (Q), Norman Burton (Felix Leiter), Jimmy Dean, Donna Garratt, Bruce Glover, Putter Smith, Laurence Naismith u. a.

Musik: John Barry. Titelsong: John Barry (Komposition), Don Black (Text), Shirley Bassey (Interpretin). Kinostart in Dtld.: 14. 12. 1971.

Live and Let Die (1973) [Leben und sterben lassen].
Länge: 121 Minuten.

Produktion: Harry Saltzman, Albert A. Broccoli. Produktionsgesellschaft: Eon Productions. Verleih: United Artists. Drehbuch: Tom Mankiewicz. Regie: Guy Hamilton. Kamera: Ted Moore. Schnitt: Bert Bates, Raymond Poulton, John Shirley. Art Director: Syd Cain, Peter Lamont, Bob Laing, Stephen Hendrickson. Titel: Maurice Binder. Spezialeffekte: Derek Meddings. Optische Spezialeffekte: Charles Staffell. Haifischszenen: William Greefe. Stunts: Bob Simmons, Jerry Comeaux, Ross Kananga, Bill Bennot, Eddie Smith, Joie Chitwood.

Darsteller: Roger Moore (James Bond), Yaphet Kotto (Dr. Kananga/Mr. Big), Jane Seymore (Solitaire), Clifton James (Sheriff Pepper), Bernard Lee (M), Lois Maxwell (Miss Moneypenny), Gloria Hendry, Tommy Lane, Geoffrey Holder u. a.

Musik: George Martin. Titelsong: Paul und Linda McCartney (Komposition), Paul McCartney and the Wings (Interpretation). Kinostart in Dtld.: 19. 12. 1973

The Man With the Golden Gun (1974) [Der Mann mit dem goldenen Colt]. Länge: 125 Minuten.

Produktion: Harry Saltzman, Albert R. Broccoli. Produktionsgesellschaft: Eon Productions. Verleih: United Artists. Drehbuch: Richard Maibaum, Tom Mankiewicz. Regie: Guy Hamilton. Kamera: Ted Moore, Ossie Morris. Schnitt: Ray Poulton, Gordon Evertt, Ken Baker. Bauten: Peter Murton. Art Director: John Graysmark, Peter Lamont. Titel: Maurice Binder. Spezialeffekte: John Stears. Optische Spezialeffekte: Charles Staffell. Stunts: W. J. Milligan jun. Autostunts: AMC Astro Spiral Jump Mathematical and Computer Technology, Calspan Corporation.

Darsteller: Roger Moore (James Bond), Christopher Lee (Francisco Scaramanga), Britt Eklund (Mary Goodthigh), Maud Adams (Andrea Anders), Clifton James (Sheriff Pepper), Bernard Lee (M), Lois Maxwell (Miss Moneypenny), Desmond Llewelyn (Q), Harve Villichaize, Mark Lawrence, Soon Taik Oh, Richard Loo, Chan Yiu Lam u. a.

Musik: John Barry. Titelsong: John Barry (Komposition), Don Black (Text), Lulu (Interpret). Kinostart in Dtld.: 19. 12. 1974.

The Spy Who Loved Me (1977) [Der Spion, der mich liebte]. Länge: 125 Minuten.

Produktion: Albert R. Broccoli. Produktionsgesellschaft: Eon Productions. Verleih: United Artists. Drehbuch: Christopher Wood, Richard Maibaum. Regie: Lewis Gilbert. Kamera: Claude Renoir. Bauten: Ken Adam. Schnitt: John Glen. Art Director: Peter Lamont. Titel: Maurice Binder. Spezialeffekte: Derek Meddings, John Evans. Stunts: Bob Simmons.

Darsteller: Roger Moore (James Bond), Barbara Bach (Major Anja Amasowa), Curt Jürgens (Karl Stromberg), Richard Kiel (Beißer), Bernard Lee (M), Lois Maxwell (Miss Moneypenny), Desmon Llewelyn (Q), Caroline Munro, Walter Gotell, Vernon Dobtcheff, Valerie Leon u. a.

Musik: Marvin Hamlish. Titelsong (»Nobody Does it Better«): Marvin Hamlish (Komposition), Carole Bayer Sager (Text), Carly Simon (Interpretin). Kinostart in Dtld.: 25. 8. 1977.

Moonraker (1979) [Moonraker – Streng geheim]. Länge: 126 Minuten.

Produktion: Albert R. Broccoli. Produktionsgesellschaft: Eon Productions, England/Les Productions Artistes Associes, Frankreich. Verleih: United Artists. Drehbuch: Christopher Wood. Regie: Lewis Gilbert. Kamera: Jean Tournier (als Ersatz für den während der Dreharbeiten erkrankten Claude Renoir). Schnitt: John Glen. Bauten: Ken Adam. Art Director: Peter Lamont, Charles Bishop, Max Douy. Titel: Maurice Binder. Spezialeffekte: Derek Meddings, Paul Wilson. Optische Spezialeffekte: Robin Brownie.

Darsteller: Roger Moore (James Bond), Lois Chiles (Dr. Holly Goodhead), Michael Lonsdale (Sir Hugo Drax), Richard Kiel (Beißer), Bernard Lee (M), Lois Maxwell (Miss Moneypenny), Desmon Llewelyn (Q), Geoffrey Keen (Verteidigungsminister), Walter Gotell (General Gogol), Corinne Clery, Toshiro Suga u. a.

Musik: John Barry. Titelsong: John Barry (Komposition), Hal David (Text), Shirley Bassey (Interpretin). Kinostart in Dtld.: 28. 8. 1979.

For Your Eyes Only (1981) [In tödlicher Mission]. Länge: 127 Minuten.

Produktion: Albert R. Broccoli. Produktionsgesellschaft: Eon Productions. Verleih: United Artists. Drehbuch: Richard Maibaum, Michael G. Wilson. Regie: John Glen. Kamera: Alan Hume. Schnitt: John Glover. Bauten: Peter Lamont. Art Director: John Fenner, Mike Karapiperis. Titel: Maurice Binder. Spezialeffekte: Derek Meddings, Yiannis Samiotis. Optische Spezialeffekte: Paul Wilson. Skiaufnahmen: Willy Bogner. Unterwasserkamera: Al Giddings. Bergsteigeraufnahmen: Rick Sylvester. Stunts: Bob Simmons.

Darsteller: Roger Moore (James Bond), Carole Bouquet (Melina Havelock), Chaim Topol (Columbo), Julian Glover (Kristatos), Lois Maxwell (Miss Moneypenny), Geoffrey Keen (Verteidigungsminister), Walter Gotell (General Gogol), Janet Brown (Margaret Thatcher), John Wells (Dennis Thatcher), Michael Gothard (Locque), Lynn-Holly Johnson, Jill Bennett, John Wyman u. a.

Musik: Bill Conty. Titelsong: Bill Conty (Komposition),

159

Michael Leeson (Text), Sheena Easton (Interpretin). Kinostart in Dtld.: 6. 8. 1981.

Never Say Never Again (1982/83) [Sag niemals nie].
Länge: 137 Minuten.

Produktion: Kevin McClory, Jack Schwarzmann. Produktionsgesellschaft: Taliafilm Productions. Verleih: Warner Brothers (USA), Neue Constantin (BRD). Drehbuch: Lorenzo Semple jun. nach einer Idee von Kevin McClory, Jack Wittingham und Ian Fleming. Regie: Irvin Kershner. Kamera: Douglas Slocombe. Bauten: Philipp Harrison, Stephen Grimes. Schnitt: Bob Lawrence. Spezialeffekte: David Drayer, Ian Wingrove. Unterwasseraufnahmen: Ricou Browning.

Darsteller: Sean Connery (James Bond), Klaus Maria Brandauer (Maximilian Largo), Max von Sydow (Ernst Stavro Blofeld), Barbara Carrera (Fatima Blush), Kim Basinger (Domino Vitali) Edward Fox (M), Pamela Salem (Miss Moneypenny), Alec McCowen (Q), John Kitzmiller (Felix Leiter), Rowan Atkinson, Valerie Leon, Pat Roach, Anthony Sharp. Musik: Michel Legrand. Titelsong: Michel Legrand (Komposition), Lani Hall (Interpretin). Kinostart in Dtld.: 20. 1. 1984.

Octopussy (1983) [Octopussy]. Länge: 130 Minuten.

Produktion: Albert R. Broccoli. Produktionsgesellschaft: Eon Productions. Verleih: MGM/United Artists. Drehbuch: George MacDonald Fraser, Richard Maibaum, Michael G. Wilson nach den Erzählungen **Octopussy** und **Property of a Lady** von Ian Fleming. Regie: John Glen. Kamera: Alan Hume. Bauten: Peter Lamont. Schnitt: Peter Davis, Henry Richardson. Spezialeffekte: John Richardson. Stunts: Bob Simmons, Remy Julienne. Titel: Maurice Binder.

Darsteller: Roger Moore (James Bond), Maud Adams (Octopussy), Louis Jordan (Kamal Khan), Stephen Berkoff (General Orlov), Geoffrey Keen (Verteidigungsminister), Robert Brown (M), Lois Maxwell (Miss Moneypenny), Desmond Llewelyn (Q), Walter Gotell (General Gogol), Albert Moses, Vijay Amritraj u. a.

Musik: John Barry. Titelsong (»All Time High«): John Barry (Komposition), Tim Rice (Text), Rita Coolidge (Interpretin). Kinostart in Dtld.: 5. 8. 1984

A View to Kill (1985) [Im Angesicht des Todes]. Länge: 131 Minuten.

Produktion: Albert R. Broccoli, Michael G. Wilson. Produktionsgesellschaft: Eon Productions. Verleih: MGM/ United Artists. Drehbuch: Richard Maibaum, Michael G. Wilson. Regie: John Glen. Kamera: Alan Hume. Schnitt: Peter Davis. Bauten: Peter Lamont. Spezialeffekte: John Richardson. Stunts: Martin Grace, Remy Julienne. Skiaufnahmen: Willy Bogner. Titel: Maurice Binder.

Darsteller: Roger Moore (James Bond), Christopher Walker (Max Zorin), Tanya Roberts (Stacy Sutton), Grace Jones (May Day), Patrick MacNee (Tibbett), Robert Brown (M), Lois Maxwell (Miss Moneypenny), Desmond Llewelyn (Q), Geoffrey Keen (Verteidigungsminister), Walter Gotell (General Gogol), David Yip, Patrick Bauchau, Fiona Fullerton u. a.

Musik: John Barry. Titelsong: John Barry (Komposition), Duran Duran (Text und Interpretation). Kinostart in Dtld.: 8. 8. 1985

The Living Daylights (1987) [Der Hauch des Todes]. Länge: 130 Minuten.

Produktion: Albert R. Broccoli, Michael G. Wilson. Produktionsgesellschaft: Eon Productions. Verleih: MGM/United Artists. Drehbuch: Richard Maibaum, Michael G. Wilson. Regie: John Glen. Kamera: Alec Mills. Schnitt: John Grover, Peter Davis. Bauten: Peter Lamont.

Spezialeffekte: John Richardson. Stunts: Paul Weston, Remy Julienne, B. J. Worth.

Darsteller: Timothy Dalton (James Bond), Maryam d'Abo (Kara Milovy), Joe Don Baker (Whittaker), John Rhys-Davis (General Puschkin), Jeroen Krabbe (General Koskow), Robert Brown (M), Caroline Bliss (Miss Moneypenny), Geoffrey Keen (Verteidigungsminister), Desmond Llewelyn (Q), Walter Gotell (General Gogol), John Terry (Felix Leiter), Andreas Wisniewski, Thomas Wheatley, Julie T. Wallace u. a.

Musik: John Barry. Titelsong: John Barry (Komposition), Waaktaar (Text), A-ha (Interpretation). Weitere Lieder: The Pretenders. Kinostart in Dtld.: 13. 8. 1987.

Licence to Kill (1989) [Lizenz zum Töten]. Länge: 127 Minuten.

Produktion: Albert R. Broccoli, Michael G. Wilson in Zusammenarbeit mit: Tom Pevsner, Barbara Broccoli. Produktionsgesellschaft: Danjaq S. A. Verleih: MGM/ United Artists/UIP. Drehbuch: Michael G. Wilson, Richard Maibaum unter Verwendung von Motiven aus dem Roman **Leben und sterben lassen** von Ian Fleming. Regie: John Glen. Kamera: Alec Mills. Schnitt: John Grover. Bauten: Peter Lamont. Stunts: Paul Weston, Remy Julienne, B. J. Worth. Spezialeffekte: John Richardson. Titel: Maurice Binder.

Darsteller: Timothy Dalton (James Bond), Carey Lowell (Pam Bouvier), Talisa Soto (Lupe Lamora), Robert Davi (Franz Sánchez), Robert Brown (M), Carolyn Bliss (Miss Moneypenny), Desmon Llewelyn (Q), Pedro Armendariz (Präsident Hector Lopez), Frank McRae, Everett McGill, Anthony Starke u. a.

Musik: Michael Kamen (Komposition und Dirigent). Kinostart in Dtld.: 10. 8. 1989.

Goldeneye (1995) [Goldeneye].
Produktion: Michael G. Wilson, Barbara Broccoli. Produktionsgesellschaft: Eon Productions. Verleih: Danjaq Inc./United Artists/UIP. Drehbuch: Michael France, Jeffrey Caine. Regie: Martin Campbell. Kamera: Phil Meheux. Schnitt: Terry Rawlings. Bauten: Tony Graysmark. Spezialeffekte: Chris Corbould.

Darsteller: Pierce Brosnan (James Bond), Sean Bean (Trevelyan), Izabella Scorupco (Natalya), Famke Janssen (Xenia), Joe Don Baker (Jack Wade), Robbie Coltrane (Valentin), Tcheky Karyo (Mishkin), Gottfried John (Ourumov), Alan Cumming (Boris), Desmond Llewelyn (Q), Samantha Bond (Moneypenny), Judi Dench (M), u. a.
Kinostart in Dtld.: 28. 12. 1995

Video

Die von Eon produzierten Filme gibt es als »James Bond Collection« von Warner Home Video auf Video (Bestellnummer in runden Klammern) und Laserdisc [Bestellnummer in eckigen Klammern]
Dr. No (59 921 0 VA), [59 921 0 ZN]
Liebesgrüße aus Moskau (59 921 9 VA), [59 920 9 ZN]
Goldfinger (59 920 5 VA), [59 920 5 ZN]
Feuerball (59 920 8 VA), [59 920 8 ZN]
Man lebt nur zweimal (59 920 7 VA), [59 920 7 ZN]
Im Geheimdienst ihrer Majestät (59 921 1 VA), [59 921 1 ZN]
Diamantenfieber (59 920 6 VA), [59 920 6 ZN]
Leben und sterben lassen (59 920 3 VA), [59 920 3 ZN]
Der Mann mit dem golden Colt (59 920 4 VA), [59 920 4 ZN]
Der Spion, der mich liebte (59 920 1 VA), [59 920 1 ZN]
Moonraker (59 920 0 VA), [59 920 0 ZN]
In tödlicher Mission (59 924 7 VA), [59 924 7 ZN]

Octopussy (59 921 2 VA), [59 921 2 ZN]
Im Angesicht des Todes (59 921 3 VA), [59 921 3 ZN]
Der Hauch des Todes (53 506 2 VA), [53 506 2 ZN]
Lizenz zum Töten (53 513 VA), [53 513 7 ZN]

Zusätzlich präsentiert Roger Moore, allerdings nur auf Video, »25 Jahre James Bond 007« (53 504 1 VA).

Hörspiele

Alle auf EUROPA-Hörspielcassetten

James Bond jagt Dr. No (516 501.6)
Liebesgrüße aus Moskau (516 502.4)
Goldfinger (516 503.2)
Diamantenfieber (516 504.0)
Man lebt nur zweimal (516 505.9)
Im Auftrag ihrer Majestät (516 506.7)
Leben und sterben lassen (516 507.5)
Der Spion, der mich liebte (516 508.3)
Der Mann mit dem goldenen Colt (516 509.1)
Moonraker (516 510.5)
In tödlicher Mission (516 511.9)
Octopussy (516 512.1)
Die Firma teilt mit, daß sie »bis auf weiteres keine Kassetten dieser Serie mehr herstellen oder vertreiben« wird. Die Suche nach **Casino Royale, Sag niemals nie, Hauch des Todes, Lizenz zum Töten,** oder **Goldeneye** dürfte daher vergeblich sein.
Die Soundtracks zu den James-Bond-Filmen erschienen bei EMI Elektrola.

PARODIEN

Agente 077: Mission Bloody Mary/Operation Lotus Bleu (Jack Clifton: Mission Bloody Mary). Italien/Frankreich/Spanien 1965/66. Länge: 102 Minuten.

Produktionsgesellschaft: Fida/Jacques Roitfeld/Epoca. Verleih: Pallas. Buch: Sandro Continenza, Marcello Coscia, Leonardo Martin. Regie: Terence Hathaway. Darsteller: Ken Clark (Jack Clifton) u. a. Musik: A. F. Lavagnino. Kinostart: 26. 11. 1965.

Agente 3S3: Passaporte per l'inferno (Agent 3S3 kennt kein Erbarmen). Italien/Frankreich/Spanien 1965. Länge: 111 Minuten.

Produktionsgesellschaft: Associate/Balcazar/Copernic. Verleih: Gloria. Buch: Sergio Sollima, Sim O'Neill, Jesús M. de Arozamena. Kamera: Carlo Carlini. Regie: Simon Sterling (d. i. Sergio Sollima). Darsteller: George Ardisson (Walter Ross), Barbara Simon (Irmgard von Wittstein), George Riviere (Professor), Seyna Seyn (Jackie) sowie Franco Andrei, Senta Heller, Loni May, Karl Wirth, Paul Fabian, Heinrich Rauch, Ferdinand Bergmann, Frank Wolff und Michel Lemoine. Musik: Pietro Umiliani. Kinostart: 24. 9. 1965.

Agente 3S3: Massacre al sole (Agent 3S3 pokert mit Moskau). Italien/Spanien/Frankreich 1965. Länge: 97 Minuten.

Produktionsgesellschaft: Associate/Cesáreo González/Copernic. Verleih: Gloria. Drehbuch: Simon O'Neill, Jesús María de Arozamena. Regie: Simon Sterlin. Kamera: Carlo Carlini.

Darsteller: George Ardisson (Agent 3S3), Frank Wolff, Evi Marandi, Michel Lemoine, Fernando Sancho, Musik: Piero Umiliani. Kinostart: 24. 10. 1966

Agente 3S3: Omicido per apputamento (Agent 3S3 setzt

alles auf eine Karte). Italien/Bundesrepublik Deutschland 1966. Länge: 91 Minuten.

Produktionsgesellschaft: Discobolo/Parnass. Verleih: Gloria. Drehbuch: Fernando di Leo, Werner Hauf, Mino Guerrini. Regie: Mino Guerrini. Kamera: Franco Delli Colli, Camillo Bazzoni. Darsteller: George Ardisson (3S3), Hans von Borsody, Günter Stoll, Ella Karin, Mario Brega. Musik: Ivan Vandor. Kinostart: 23. 6. 1967.

Asso di Picche/Operazione Contraspionaggio (Agent Pik As – Zeitbombe Orient). Italien/Frankreich/Spanien 1965. Länge: 105 Minuten.

Produktionsgesellschaft: Associate/Copernic/Balcazar. Verleih: Rank. Buch: Simon O'Neill, Nick Nostro. Regie: Nick Nostro. Kamera: Franco Delli Colli. Darsteller: George Ardisson, Lena von Martens, Helene Chanel, Joaquín Díaz, Theo Fleming. Musik: Franco Pisano. Start: 7. 10. 1966.

Bonditis. Schweiz 1967. Länge: 91 Minuten.

Produktionsgesellschaft: Turnus. Verleih: Paramount. Buch, Regie: Karl Suter. Kamera: Hans Peter Roth. Darsteller: Marion Jocob, Gerd Baltus, Christiane Rücker, E. Hänni, Z. Charigiet. Musik: Werner Kruse. Start: 1. 3. 1968.

Casino Royale (1967) [Casino Royale]. Länge: 130 Minuten.

Produktion: Charles K. Feldman, Jerry Bressler. Produktionsgesellschaft: Columbia/Famous Artists. Drehbuch: Wolf Mankiewicz, John Law, Michael Sayers. Regie: John Huston, Ken Hughes, Val Guest, Robert Parish, Joseph McGrath. Kamera: John Wilcox, Jack Hildyard, Nicholas Roeg. Schnitt: Bill Lenny. Art Director: John Howell, Ivor Beddoes, Lionel Couch. Bauten: Terence Morgan.

Darsteller: David Niven (Sir James Bond), John Huston (McTarry; M), Orson Welles (Le Chiffre), Woody Allen (Bonds Neffe Jimmy; Dr. Noah), Joanna Pettet (Bonds Tochter Mata Bond), Deborah Kerr (Lady Fiona McTarry; Agent Mimi), William Holden (FBI-Agent Ransome), Charles Boyer (französischer Abwehrmann Le Grand), Jean-Paul Belmondo (Fremdenlegionär), Dalia Lavi (Noahs Gefangene), Peter Sellers (Evelyn Tremble), Jacqueline Bisset (Miss Goodthighs), Kurt Kaznar (Smernov), George Raft (Er), Terence Cooper (Cooper), Barbara Bouchet (Miss Moneypenny), Peter O'Toole (Dudelsackbläser), Angela Scoular (Buttercup), Gabriela Lucudi (Eliza), Tracey Crisp (Heather), Anna Quayle (Frau Hoffner), Geoffrey Baldon (Q), John Wells (Qs Assistent), Richard Wattis (britischer Offizier), Ronny Corbet (Polo/ Paule), Bernard Cribbins (Taxifahrer), Colin Gordon (Casino-Direktor), Tracy Reed, Derek Nimmo u. a.

Musik: Burt Bacharach. Titelsong »The Look of Love«, Dusty Springfield (Original-Interpret), Mireille Mathieu (deutsche Interpretin). Deutscher Kinostart: 21. 12. 1967

Coplan, Agent Secret FX 18 (Jack Clifton jagt Wostock III). Frankreich/Spanien/Italien 1964. Länge: 97 Minuten.

Produktionsgesellschaft: Comptoir Français/Procensa/ Rotor. Verleih: Pallas. Buch: Christian Plume, nach einem Roman von Paul Kenny. Regie: Maurice Cloche. Kamera: Juan Julio Baena. Darsteller: Ken Clark (FX 18) u. a. Musik: Eddie Barclay, Michel Colombier. Kinostart: 8. 1. 1965

Furia a Bahia Pour OSS 117 pour OSS 117/OSS 117 Furia a Bahia (OSS 117 – Pulverfaß Bahia). Frankreich/Italien 1965. Länge: 101 Minuten.

Produktion: Artistique/P.A.C. Verleih: Rank. Buch: André Hunebelle, Jean Halain, Pierre Foucard, nach einem Roman von Jean Bruce. Regie: André Hunebelle. Kamera: Marcel Grignon. Darsteller: Frederick Stafford,

Mylène Demongeot, Raymond Pellegrin, Perrette Pradier, Annie Andersson. Musik: Michel Magne. Start: 19. 11. 1965

James Tont – Operazione U.N.O. (James Tont – Operation UNO). Italien 1966. Länge: 88 Minuten.

Produktion: Panda. Verleih: Team. Drehbuch, Regie: Bruno Corbucci. Kamera: Sandro D'Eva, Raffaele Masciocchi. Darsteller: Lando Buzzanca (James Tont 007½), Evi Marandi, Gina Rovere, Loris Grizzi, Evi Rigano. Musik: Marcello Giombini.

Misión Lisboa/DA 077: Intrigo a Lisboa/077 Intrigue Lisbonne, Spanien/Italien/Frankreich 1965. Länge: 96 Minuten.

Produktionsgesellschaft: Hesperia Filmes/Terra/Speva/ Ciné Alliance. Verleih: Pallas. Buch: José Bayonas, Juan Cobos. Regie: Tulio Demicheli. Kamera: Angelo Lotti. Darsteller: Brett Halsey (077), Marilu Tolo, Fernando Rey, Jeanne Valerie, Alfredo Mayo. Musik: Daniel White. Kinostart: 6. 5. 1966.

Modesty Blaise (Modesty Blaise – Die tödliche Lady), Großbritannien 1965. Länge: 119 Minuten

Produktion: Modesty Blaise. Verleih: Centfox. Buch: Evan Jones, nach Peter O'Donnell und Jim Holdaway. Regie: Joseph Losey. Kamera: Jack Hildyard. Darsteller: Monica Vitti (Modesty Blaise), Terence Stamp (Willie Garvin), Dirk Bogarde, Harry Andrews, Michael Craig. Musik: John Dankworth. Start: 16. 9. 1966.

The Nude Bomb (Die nackte Bombe), USA 1980. Länge: 94 Minuten

Produktion: Universal. Verleih: CIC. Buch: Arne Sultan, Bill Dana, Leonard B. Stern. Regie: Clive Donner. Kamera: Harry L. Wolf. Darsteller: Don Adams (Maxwell Smart), Sylvia Kristel (Agentin 34), Rhonda Fleming

(Edith von Secondberg), Dana Elcar (PITS-Chef), Pamela Hensley (Agentin 36), Andrea Howard (Agentin 22), Norman Lloyd (Carruthers), Bill Dana (Jonathan Levinson Seigle), Gary Imhoff (Jerry Krovney), Vittorio Gassman (Norman Saint-Sauvage/Nino Salvatori-Sebastiani), Norbert Kervelas (Larabee), Sarah Rush (Dr. Palm), Thomas Hill u. a. Musik: Lalo Schifrin. Start: 7. 8. 1980.

One of Our Spies is Missing (Krieg der Spione). [Ein Film mit den Helden aus **Solo für O.N.C.L.E.**] USA 1965. Länge: 92 Minuten.

Produktion: Arena. Verleih: MGM. Buch: Howard Rodman. Regie: E. Darrell Hallenbeck. Kamera: Fred Koenkamp. Darsteller: Robert Vaughn (Napoleon Solo), David McCallum (Ilya Kuryakin), Vera Miles, Leo G. Carroll, Maurice Evans. Musik: Gerald Fried. Start: 1. 6. 1967.

One Spy Too Many (Ein Spion zuviel). [Ein Film mit den Helden aus **Solo für O.N.C.L.E.**] USA 1965. Länge: 100 Minuten

Produktion: Arena. Verleih: MGM. Buch: Dean Hargrove. Regie: Joseph Sargent. Kamera: Fred Koenekamp. Darsteller: Robert Vaughn (Napoleon Solo), David McCallum (Ilya Kuryakin), Rip Thorn, Dorothy Provine, Yvonne Craig. Musik: Gerald Fried. Start: 5. 8. 1966

Operación Estambul /L'Homme d'Istambul (Unser Mann aus Istanbul). Spanien/Italien/Frankfurt 1964. Länge: 114 Minuten

Produktionsgesellschaft: Isasi-Isasmendi/Mondiale/EDIC. Verleih: Constantin. Buch, Regie: Antonio Isasi-Isasmendi. Darsteller: Horst Buchholz, Silvia Koscina, Mario Adorf, Klaus Kinsky. Musik: Georges Garvarentz. Kinostart: 1. 9. 1965.

O.S.S. 117 Atout cœur a Tokyo pour OSS/OSS 117 a Tokio si muore (OSS 117 Teufelstanz in Tokyo), Frankreich/Italien 1966. Länge: 100 Minuten.

Produktion: P.A.C./Victory. Verleih: Rank. Buch: Terence Young, Pierre Foucard, nach einem Roman von Jean Bruce. Regie: Michel Boisrond. Kamera: Marcel Grignon. Darsteller: Frederick Stafford, Marina Vlady, Henri Serre, Jitsuko Yoshimuro, Pario Pisu. Musik: Michel Magne. Start: 23. 12. 1966.

O.S.S. 117 se dechaine/OSS 117 Segretissimo (O.S.S. greift ein), Frankreich/Italien 1963. Länge: 103 Minuten.

Produktion: Artistique/Borderie/Da.Ma. Verleih: Centfox. Buch, nach einem Roman von Jean Bruce, und Regie: André Hunebelle. Kamera: Reymond Lemoigne. Darsteller: Kerwin Mathews, Nadia Sanders, Irins Demich, Henri Jacques Huet. Musik: Michel Magne. Start: 22. 11. 1963.

S. 077 Spionaggio a Tangeri (Agent 077 – Heißes Pflaster Tanger), Italien 1965. Länge: 93 Minuten.

Produktionsgesellschaft: Dorica/Atlantida. Verleih: Austria. Drehbuch: H.H. Curiel, R. Belgrozo. Regie: Greg Tallas. Kamera: Raffael Pacheco, Alvaro Mancori. Darsteller: Luis Davila (Mike Murphy), José Greci (Lea), Albert Dalbes (Rigio Orel), Perla Cristal (Madelaine), Alfonso Rojas (Professor Grave), Ann Castor (Madame Stanier). Musik: Benedetto Ghilia. Kinostart: 22. 4. 1966.

The Spy with My Face (Spion mit meinem Gesicht) [Ein Film mit den Helden aus **Solo für O.N.C.L.E.**] USA 1965. Länge: 86 Minuten

Produktion: Sam Rolfe. Verleih: MGM. Buch: Clyde Ware, Joseph Calvelli. Regie: John Newland. Kamera: Fred Koenekamp. Darsteller: Robert Vaughn (Napoleon Solo), David McCallum (Ilya Kuryakin), Senta Berger (Serena), Leo G. Carroll. Musik: Morton Stevens. Start: 8. 7. 1965.

To Trap a Spy (Agent auf Kanal D) [Ein Film mit den Helden aus **Solo für O.N.C.L.E.**] USA 1964. Länge: 92 Minuten.

Produktion: Norman Felton. Verleih: MGM. Buch: Sam Rolfe. Regie: Don Medford. Kamera: Joseph Biroc. Darsteller: Robert Vaughn (Napoleon Solo), Luciana Paluzzi, Patricia Crowley, Fritz Weaver, Will Kuluva. Musik: Jerry Goldsmith. Kinostart: 19. 3. 1965.

La Trappola Scatta a Beirut/Barod au Beyrouth pour S.O.S. 505 (Agente 505 – Todesfalle Beirut). Bundesrepublik Deutschland/Italien/Frankreich 1965. Länge: 93 Minuten

Produktionsgesellschaft: Rapid/Metheus/Compagnie Lyonnaise. Verleih: Nora. Drehbuch, Regie: Manfred R. Köhler. Kamera: Rolf Kästel. Darsteller: Frederick Stafford (505), Geneviève Cluny, Chris Howland, Harald Leipnitz, Willy Birgel. Musik: Ennio Morricone. Kinostart: 22. 4. 1966.

Filme über Ian Fleming

Spymaker – The Secret Life of Ian Fleming (Das geheime Leben des Ian Fleming). Großbritannien 1989. Länge: 96 Minuten.

Produktion: Aida Young. Produktionsgesellschaft: Turner Pictures. Verleih: NEF2/RCA/Columbia Video. Drehbuch: Robert J. Avrech. Regie: Ferdinand Fairfax. Kamera: Mike Southon. Schnitt: Lesley Walker. Ausstattung: Tim Harvey. Kostüme: Charles Knode.

Darsteller: Jason Connery (Ian Fleming), Kristin Scott Thomas (Leda St. Gabriel), Joss Ackland (General Helstein), Patricia Hodge (Lady Evelyn), David Warner (Admiral Godfrey), Collin Welland (George Fowler), Fiona Fullerton (Lady Carolyne), Richard Johnson (General Hormsby) sowie Julian Firth, Marsha Fitzalan, Arkie Whiteley, Tara McGoran, Ingrid Held, Geoffrey Chater, Edita Brychta, Christopher Benjamin und Nina Marc. Musik: Carl Davis. Kinostart: 29. 5. 1991. Dt. TV-Erstaufführung: 14. 10. 1992

Der Mann, der James Bond war Großbritannien 1989.

Produktion: Brenda Reid. Produktionsgesellschaft: Anglia Films. Drehbuch: Reg Gadney nach einem Exposé von Paul Hallam, Don Boyd, Reg Gadney, basierend auf **The Life of Ian Fleming** von John Pearson. Regie: Don Boyd. Kamera: Richard Greatrex. Darsteller: Charles Dance (Ian Fleming), Phyllis Logan (Ann), Patrick Ryecart (Ivar Bryce), Julian Fellows (Noel Coward). Musik: Michael Berkeley. TV-Premiere: 2. 7. 1993

Sonstiges

Peter Schneider: **James Bond und das Völkerrecht.** Halbstündige Vorlesung in der Reihe **Teleakademie** der III. TV-Programme (mehrfach ausgestrahlt).

Namen-, Titel- und Figurenregister

Namen von fiktiven Figuren sind unter dem Anfangsbuchstaben des Vornamens oder Titels eingeordnet (zum Beispiel »Maxwell Smart« unter dem Buchstaben M, »Professor Moriatiy« unter P.) Bücher und Filme erscheinen unter dem deutschen Titel, der Originaltitel folgt in Klammern. Die Titel werden nach erstem Nomen geordnet (Beispiel: *Der Spion, der mich liebte* steht unter »S« wie Spion). Die Stichwörter werden erforderlichenfalls durch einen Zusatz in Klammern erläutert, zum Beispiel: Necros (Killer in *Hauch des Todes).*

175

182

Bildnachweis:
Associated Press, Frankfurt: 22
Bildarchiv Engelmeier, München: 2, 3, 4, 5, 6, 7, 8, 9, 10, 11, 12, 13, 15, 16, 17, 18, 19, 20, 21, 23, 24, 25, 26
Ullstein Bilderdienst, Berlin: 1, 14

Bitte beachten Sie
die folgenden Seiten

James Hadley Chase

Wilder Zauber

Roman

Ullstein Buch 23843

»Wilder Zauber« zelebriert und persifliert die Zeiten, als die Frauen noch wie Veronika Lake oder Lauren Bacall aussahen, die Männer verwegen und trinkfest waren und die Autos Heckflossen hatten. Die hinreißend hübsche und mutige Myra Shumway flieht vor einer arrangierten Hochzeit nach Mexiko. Ihr auf den Fersen sind Doc Ansell, ein englischer Quacksalber, und Ross Millan, ein leicht heruntergekommener Reporter. Doch Myra weiß sich mit ihren magischen Fähigkeiten ganz gut zu helfen . . .

»Da steckt so viel Witz drin, daß man beim Lesen laut loslacht . . .«

Clare Peploe
Regisseurin des Films
»Wilder Zauber«

Ullstein

Ullstein Kriminalromane

»Bestechen durch ihre Vielfalt«
(Westfälische Rundschau)